Gilles van Grasdorff

Die abenteuerliche Flucht des kleinen Buddha

HERDER spektrum

Band 5125

Das Buch

Es war die Sensation für die Weltpresse. Urgyen Trinley Dorje, der 17. Karmapa Lama, dritthöchster Würdenträger des tibetischen Buddhismus, verehrt als „lebender Buddha", war aus Tibet geflüchtet: mit einer Handvoll Begleitern, über den Himalaya nach Dharamsala, dem Sitz der tibetischen Exilregierung. Vorbei an chinesischen Militärposten und auf geheimen Wegen über verschneite, mehr als 5000 Meter hohe Bergpässe – genauso wie vierzig Jahre vor ihm der Dalai Lama. Zum Zeitpunkt der Flucht war er vierzehn Jahre alt. Gilles van Grasdorff, renommierter Journalist und Tibet-Experte, kennt die an der Flucht Beteiligten. Er erzählt aus erster Hand die abenteuerliche Geschichte dieser einwöchigen Flucht per Jeep, Hubschrauber und zu Fuß. Die faszinierende Tradition, die der 17. Karmapa verkörpert, wird lebendig: Als Oberhaupt der Kagyü-pa-Schule, einer der vier Hauptrichtungen des tibetischen Buddhismus, ist der Karmapa der vorläufig Letzte in einer Linie von Reinkarnationen, die bis ins 12. Jahrhundert zurückreicht und damit älter ist als die Linie der Dalai Lamas. Seine Geburt als Kind von Nomaden, so heißt es, war begleitet von einer Reihe geheimnisvoller Zeichen…
Die Flucht des in ganz Tibet bekannten und von Buddhisten in aller Welt verehrten Jungen bringt die chinesische Besatzungsmacht in Verlegenheit, haben die Chinesen ihn doch offiziell als Reinkarnation anerkannt und damit – anders als in vergleichbaren Fällen – die Anerkennung durch den Dalai Lama bestätigt: Ein „patriotischer Buddha" sollte er werden – und eine politische Waffe im Kampf um die geistige Macht in Tibet. Seine überraschende Ankunft beim Dalai Lama hat die Tibet-Frage und die brutale Unterdrückungspolitik der Chinesen erneut in den Vordergrund des öffentlichen Interesses gerückt.

Der Autor

Gilles van Grasdorff, Journalist, Autor verschiedener Romane und Biografien sowie zahlreicher Bücher über Tibet und seine Geschichte. Bei Herder Spektrum Herausgeber von: Tibet – Land der Götter, Ort der Tränen.

Gilles van Grasdorff

Die abenteuerliche Flucht
des kleinen Buddha

Der Weg des Karmapa in die Freiheit

Aus dem Französischen
von Stefanie Windfelder

Herder
Freiburg · Basel · Wien

Titel der französischen Ausgabe:
La fabuleuse évasion du petit Bouddha
© Michel Lafon Publishing, 2000

Fotos : S. 189, 190, 191, 192 (oben) © TTC/Findeisen
S. 192 (unten): © Clemens Kuby
Die Redaktion wurde fachlich begleitet
von Dorothea Nett und Yesche Udo Regel.

Gedruckt auf umweltfreundlichem,
chlorfrei gebleichtem Papier

Deutsche Erstausgabe

Alle Rechte vorbehalten – Printed in Germany
© Verlag Herder Freiburg im Breisgau 2001
Satz: DTP-Studio Helmut Quilitz, Denzlingen
Druck und Bindung: fgb · freiburger graphische betriebe 2001
Umschlaggestaltung und Konzeption:
R·M·E München/Roland Eschlbeck, Liana Tuchel
Umschlagmotiv: © Ludwig/SIPA Press
Foto des Autors: Bernard Boulanger

ISBN 3-451-05125-7

Für Dr. Xavier Emmanuelli,
Josette Pratte und Bernard Clavel,
Anne-Marie und Gilbert Collard,
Noëlle und Yves Duteil,
Chales Dumont und Denis Ledogar

Ebenso für Alphonse Boudard,
von ganzem Herzen.

Inhalt

Vorbemerkung

In der westlichen Welt sind Tibet, seine Geschichte, seine Religionen, seine Kultur und seine Gebräuche noch nicht lange bekannt. Mit jeder neuen Darstellung wird dem Bild Tibets ein neuer Puzzlestein hinzugefügt. Es gibt immer mehr Berichte von dort, und das Wissen über Tibet wird dadurch stetig erweitert. Gleichzeitig aber wird deutlich, dass dieses Land und sein Volk seit fünfzig Jahren von der Auslöschung bedroht sind.

Im vorliegenden Buch wurde die Transkription der tibetischen Namen vereinfacht; die Schreibweise der Personen- und Ortsnamen folgt der englischen Phonetik, die die gebräuchlichste ist – „Lhassa" zum Beispiel wird „Lhasa" geschrieben. Wir haben uns außerdem die Freiheit genommen, die Regionen, Städte und Klöster in den Anmerkungen auf Tibetisch und nicht auf Chinesisch zu schreiben. Denn Tibet ist ein souveräner Staat, der von der Volksrepublik China besetzt worden ist.

Nachstehend eine Karte Tibets und seiner Regionen. Im Anhang finden Sie Informationen zur Rolle des Dalai Lama, des Panchen Lama und des Karmapa in der Geschichte und im tibetischen Buddhismus.

Einige Worte sind mit Sternchen gekennzeichnet. Sie werden im Glossar auf Seite 209 ff. erläutert.

Politische Grenzlinie Tibets 1913
Die Grenzlinie der chinesischen Provinzen (1964)
Gebiete, die Tibet zwischen 1685 und 1914 verloren hat

1

Die Wölfin im Mondschein

In Tsurphu war die Gefahr immer da, ja, sie war allgegenwärtig. Die Anwesenheit chinesischer Beamter und die unterschwellige Bedrohung, die von den „roten Lamas"* ausging, holten mich immer wieder zurück in die harte Realität unseres Alltags: Unter uns gab es Mönche, die ihr ganzes Leben lang keinerlei Interesse für die geistigen Übungen aufbrachten, die doch die Quelle ewigen Wohlergehens sind. Diese Mönche spionierten uns von morgens bis abends aus; Tag für Tag, Woche für Woche, monatelang, jahrelang. Sie sind der Eitelkeit verfallen, und es wird sie nichts mehr aus dem karmischen Labyrinth retten können, in das sie sich verirrt haben: aus Machthunger, Hass oder einfach weil sie den Verlockungen des Geldes erlegen sind. Sie beten, aber ihr Tun stimmt nicht überein mit den Unterweisungen, die sie von unseren Lehrmeistern erhalten haben: Jeder ihrer Gedanken wird in ihrem nächsten Leben wiederhallen. Ihr Verhalten ist verflucht, denn sie begehen ihr ganzes Leben lang unter dem Deckmantel der kommunistischen Ideologie Verrat.

Manchmal allerdings zweifle ich daran, denn ich will nicht glauben, dass sie seit ihrer Geburt blind sind. Sagt nicht Milarepa, der singende Eremit:

> *Der Glaube ist dein bester Freund,*
> *Die geistige Verwirrung der schlimmste Dämon,*
> *Stolz die schlimmste Bindung*
> *Verleumdung das schlimmste Vergehen*[1]*…*

Und dennoch: Trotz der Unterdrückung, der unser Volk ausgesetzt ist, strahlen die geistigen Emanationen weiter vom Dach des Potala[2] und aus dem Zentrum von Tashilhunpo[3] auf ganz Tibet.

Es war im Sommer 1998. Urgyen Trinley Dorje, der in jenem Jahr dreizehn Jahre alt wurde, empfand schon lange unendliches Mitgefühl mit den Lebewesen. Ich ging in heiterer und friedlicher Stimmung zu ihm, um seinen Segen zu empfangen. Es war zwar nicht immer einfach, einem solchen sprituellen Meister zu dienen – dem einzigen, den wir noch in Tibet hatten –, aber nicht auf ihn zu hören hätte bedeutet, die Gründe für das Leiden noch zu vermehren, die den Regentropfen und Windböen glichen, die ein Unwetter ankündigen. Seit seiner Thronbesteigung im Jahre 1992 hatte uns dieser junge Karmapa (siehe Seite 194) aufgefordert, Liebe, Mitgefühl und Toleranz zu leben, so wie seine Lehrer es ihm nahezubringen begonnen hatten. Viele hörten nicht auf seine weisen Worte und glaubten stattdessen den falschen Versprechungen der chinesischen Beamten und der Lamas, die aus dem marxistischen System hervorgingen. Es ist nicht so wichtig, was diese „roten Lamas" einmal besitzen werden, denn ihr Leben wird nur aus Enttäuschungen bestehen.

Die Zeremonien anlässlich des Geburtstags von Urgyen Trinley Dorje am 25. Juni 1998 waren von Jubel begleitet. Eine Gruppe von Pilgern war nach Tsurphu gekommen. Es handelte sich um ein Ereignis von außergewöhnlicher Bedeutung, denn das Kind war der einzige bedeutende geistige Führer, der noch in Tibet lebte. Alle anderen waren geflohen. Natürlich gab es noch Norbu, den „falschen" Panchen Lama (siehe Seite 193 f.), den die Mehrheit der Tibeter aber niemals anerkennen würde. Die Chinesen führten ihn manchmal von Kloster zu Kloster spazieren, aber dieser inzwischen elfjährige Junge wird immer nur eine Marionette in den Händen der Kommunisten sein.

Die Gebetsfahnen flatterten im Wind. Mit Opfergaben von Wacholder-Weihrauch wurden die Festlichkeiten eröffnet. Karmapas

Eltern waren aus Lhasa gekommen und direkt zur Residenz ihres Sohnes gegangen, um ihm ihre guten Wünsche zu übermitteln. Auch seine Brüder und Schwestern waren anwesend. Seine Privatlehrer boten ihm Pillen an, die langes Leben versprechen, und sie wünschten ihm, dass er noch lange Zeit auf dieser Welt bleiben möge. Wir alle kannten die Gefahren, die ihn bedrohten. Wir wussten auch, wie unbeständig das Leben ist – alles unterliegt der Veränderung. Gemeinsam waren wir mit Karmapa im großen Saal versammelt und beteten für seine Gesundheit. Obwohl er noch sehr jung war, war Seine Heiligkeit sich seiner außergewöhnlichen Stellung bewusst; er war sich auch darüber im Klaren, welche Rolle er nach Auffassung der Kommunisten bei der Verschmelzung unseres Landes mit dem großen „Vaterland" spielen sollte. Schon immer hatte er den Eindruck großer Würde vermittelt und darüber hinaus ein ausgeprägtes Verantwortungsgefühl an den Tag gelegt. Ich glaube auch, dass er sich niemals von etwas hat täuschen lassen.

Ich habe mir jene magischen Augenblicke eingeprägt, weil ich sicher war, dass sie sich in Tsurphu nicht mehr oft wiederholen würden. Im Übrigen wurden mir einige Wochen später – das war im Frühsommer – alarmierende Gerüchte über einen geplanten Mordanschlag auf Karmapa zugetragen. Erst im letzten Moment wurde das Komplott vereitelt.

Wie die Mehrheit der Tibeter liebte es der junge Karmapa, an Picknicks teilzunehmen. Wieder einmal fand ein solches Fest zu seinen Ehren statt: Etwa zwei Kilometer von Tsurphu entfernt waren am Fluss entlang Zelte aufgestellt worden. Das Darbringen von Opfergaben und der traditionelle Austausch der *khatas** – Seidenschals, die den Respekt bezeugen, den man vor anderen empfindet – dauerte über zwei Stunden, und über mehrere Tage hin zogen sich Tänze und Gesänge. Die Gäste organisierten ein Papierdrachen-Turnier. Der Himmel war übersät mit bunten Fluggeräten, Familien forderten sich gegenseitig heraus, indem sie kurze Hiebe auf den gegnerischen Papierdrachen ausführten, ihn einzukreisen versuchten oder andere schwindelerregende Angriffe unternahmen; alles mit dem Ziel, die Schnur zu durchtrennen und den „Gegner" so aus dem Gleichgewicht zu bringen. In den Lüften tobten die Kämpfe, und Karmapa amüsierte sich sehr darüber. Aber auch wenn er diese Momente genoss, war er mit dreizehn Jahren bereits kein Kind mehr wie die anderen.

Als das Fest seinen Höhepunkt erreichte, spürte ich eine ungewöhnliche Spannung in dem Zelt, in dem sich Karmapa befand. Zwei oder drei chinesische Beamte hielten sich dauernd in seiner Nähe auf, und die Mönche, die mit seiner Bewachung beauftragt waren, waren extrem nervös. Chinesische Funktionäre diskutierten ungezwungen über dieses und jenes. Eine ganz normale Veranstaltung, so hätte man denken können, wenn da nicht – seit einiger Zeit schon – beunruhigende Gerüchte gewesen wären. Ich näherte mich einer Gruppe von Mönchen, die ich sehr schätzte, als mein Blick auf den benachbarten Berg fiel. Das Gelächter, der Gesang und die Tamburine verstummten und die Papierdrachen verschwanden vom Himmel. Die Stimmen schwiegen, es war nur noch ein leises Gemurmel zu hören. Wir alle waren in der Defensive. Als ich Karmapa beobachtete, fiel mir auf, dass er leicht zitterte. Die Kälte, vielleicht…

Dunkle Wolken zogen sich über dem Gipfel des Berges zusammen. Der plötzlich aufkommende Wind wirbelte Staubflocken auf. Es donnerte, Blitze zuckten über den Himmel. Dichter Regen fiel auf uns nieder. Die Sicherheitskräfte und die chinesischen Funktionäre entschieden, das Picknick zu unterbrechen und nach Tsurphu zurückzukehren, sobald sich die Sonne wieder zeigen würde und der Wind sich gelegt hätte.

Etwa zur selben Zeit ertappten einige Mönche zwei Chinesen, die mit blanken Waffen und Sprengstoff durch das Kloster irrten. Sie wurden in der Bibliothek im dritten Stock festgenommen, von wo aus eine Tür direkt zu den Räumen Karmapas führt. Die Mönche befragten die zwei Chinesen nach ihren Absichten. Ein Fremder, den sie in Lhasa getroffen hatten, hatte ihnen eine hohe Summe für die Ermordung des Jungen versprochen.

Gleich nach der Rückkehr Karmapas ins Kloster ordneten die Vertreter der lokalen Behörden an, dass sich alle in dem großen Gebetssaal versammeln sollten. Ein kommunistischer Funktionär ergriff das Wort und unterbrach seine verbalen Angriffe auf den Dalai Lama immer wieder durch revolutionäre Sprücheklopferei:

„Jetzt seht ihr, dass der Treulose aus Dharamsala, jener, den ihr alle verehrt, den ihr den Dalai Lama (siehe Seite 193) nennt, keine Achtung vor dem Leben hat. Er und seine Regierung verschwören sich immer wieder gegen das Vaterland. Gestern noch führten sie sich euch gegenüber barbarisch auf und ihr wart nicht mehr wert als ein Strohseil. Gestern schnitten sie euch die Füße, die Hände und die Ohren ab, ja sie rissen euch die Augen heraus. Heute haben sie versucht, euren geistigen Führer zu ermorden, weil wir ihn anerkannt haben, weil wir euch die Freiheit gelassen haben, eure Religion auszuüben, die heiligen Texte zu studieren… Das sind dieselben Verbrecher, die der ökonomischen und sozialen Entwicklung Tibets Schaden zufügen wollen, dieser großen chinesischen Provinz, deren einige von euch nicht würdig sind, weil sie lieber aus Tsurphu flüchten, um zu dem Treulosen und seiner Clique zu stoßen…"

Die Versammlung dauerte bis spät in die Nacht. Der Offizier erklärte uns, wie sehr wir uns vor Ausländern hüten sollten, die ins Kloster kamen, da sie häufig falsche Nachrichten verbreiteten. Ab sofort waren wir starkem Druck ausgesetzt. Aus Angst, dass uns der Buddhismus von der totalitären Ideologie und dem Vaterland China fernhalten könnte, wurden wir von chinesischen Funktionären täglich psychologisch „nachgeschult".

Neben den beiden Chinesen, die versucht hatten, Karmapa zu ermorden, wurden auch Mönche verprügelt und festgenommen.

Weil sie sich darüber beschwerten, dass sie die Lehren ihrer Tutoren, die nach Indien geflüchtet waren, nicht mehr hören konnten, wurden drei von ihnen auf der Stelle in ein *laogai** im äußersten Osten Tibets verschleppt. Man sah sie niemals wieder.

Am Abend dieser Festnahmen hatte ich eine seltsame Wahrnehmung. Unsere „Umerzieher" hatten uns verboten, den Kopf zu heben. Schon bei der kleinsten Bewegung schlugen sie uns mit elektrischen Stöcken. Ich befand mich in der fünften Reihe, leicht links von unserem geistigen Führer. Mir fiel ein, dass ich in der Nacht vor der Festnahme der Mönche fröstelnd vor Angst gehört hatte, wie das Schreien einer Eule plötzlich in ein abgehacktes Lachen überging. Zwei Pferde hatten gewiehert – zweifellos hatten sie die in Rudeln umherstreifenden Schakale wahrgenommen. Das abscheuliche Gelächter der Schakale war für uns ein schlechtes Omen. An diesem Morgen hatten die wilden Hunde lange gebellt. Pilger hatten mir von ähnlichen Vorkommnissen berichtet: Einige Tage vor dem triumphalen Einmarsch der Volksbefreiungsarmee in Lhasa[4] hatten die Hunde der Stadt ganze Nächte lang bis zum Morgengrauen gebellt, und ihr Bellen erinnerte so sehr an menschliche Schmerzenslaute, dass die Einwohner von Lhasa sie mit Steinwürfen vertrieben. Am Tag bevor die Chinesen in unsere Hauptstadt einfielen, gruben die Hunde in den Gassen Löcher, so als würden sie sich ihre eigenen Gräber ausheben. Das Gerücht, dass schreckliche Ereignisse bevorstünden, hatte sich damals in der Stadt verbreitet… Und wie viele schlechte Vorhersagen sind seitdem eingetroffen! Das kommunistische China hält unser Land seit 1949 besetzt und hat uns Hunger, Unglück und tägliche Unterdrückung gebracht.

Aus den Augenwinkeln heraus beobachtete ich Urgyen *Rinpoche**, der unbeweglich auf seinem Thron saß. Sein Blick kreuzte den meinen. Die Chinesen machten ihm keine Angst. Aber ich ahnte, wie sehr er litt. Für ihn war schwer zu ertragen, dass wir diese verbalen Aggressionen, diese moralischen und physischen Foltern über uns ergehen lassen mussten, ohne dass er uns zu Hilfe kommen konnte. Obwohl ich damals noch nicht dazu in der Lage war, meine Gedanken genauer zu fassen, war ich davon überzeugt, dass sich in Tsurphu etwas Besonderes mit dem siebzehnten Karmapa ereignen würde. Urgyen Rinpoche war erst dreizehn Jahre alt, aber die Klugheit seines Geistes erfüllte die Atmosphäre unseres Klosters. Sie verlieh ihm alle Eigenschaften, die mit der Transzendenz in Verbindung stehen. Seine Augen hatten mich wie ein Blitz durchbohrt. Sobald sich mein Körper entspannte, ließ auch mein Herzklopfen nach.

Die Nacht, die auf diese Ereignisse folgte, war auf seltsame Weise ruhig, um nicht zu sagen mild. Im Schlaf erschien mir Karmapas Blick. Meine Träume trugen mich an tiefblaue Seen, und ein Regenbogen reichte von Tsurphu über die Kette des Himalaya bis an einen mir unbekannten Ort. Beim Erwachen war ich mir sicher, dass ich dort eines Tages bei meinem Lehrmeister und seinen Tutoren leben würde.

———————◆———————

Ich heiße Tashi.[5] Ich bin in einem kleinen Weiler in Kham geboren, als Kind einer armen, halb nomadisch lebenden Bauernfamilie. Meinen Vater habe ich kaum gekannt, meine Mutter lebte mit meinem Onkel[6] zusammen. Am Vorabend der chinesischen Invasion – der Winter war extrem hart gewesen –, zog dieser von Dorf zu Dorf, um dort Yak- oder Hammelfleisch gegen Gerste[7] und anderes Getreide zu tauschen. Er handelte auch mit wohlriechendem Puder, das die Karawanenführer aus Ländern mitbrachten, die mir sehr weit weg erschienen.

Von meinem Vater hatte meine Mutter drei Kinder bekommen, danach gebar sie noch fünf weitere. Als ich fünf Jahre alt war, erzählte sie mir, dass am Tag nach meiner Geburt ein Lama ins

Haus gekommen war und ihr erklärt hatte, dass er von meinem siebten Lebensjahr an mein Lehrer sein würde. Damals überspannte ein riesiger Regenbogen die Berge und tauchte das Dach eines kleinen Klosters in einen goldenen Regen. Das Kloster, das nach Karma-Kagyü-Tradition geführt wurde, war vor vielen Jahrhunderten gebaut worden.

Im Jahre 1940 – das Jahr, in dem Tenzin Gyatso als vierzehnter Dalai Lama inthronisiert wurde – hatte mein Onkel sein schönstes Pferd angeschirrt, und bekleidet mit einer Klosterrobe, die meine Mutter genäht hatte, wurde ich zu Tsering gebracht, einem Lama, der von den großen Lehrmeistern der tibetischen Medizin ausgebildet worden war. Er war nach dem Ende seines Studiums in Lhasa auf dem Heimweg durch unser Tal gekommen. Erschöpft von dem langen Weg hatte er an unserer Wohnstätte Halt gemacht. Dort mischte sich der Duft von Weihrauch mit beißendem Rauch. An der Feuerstelle wurden getrocknete Kuhfladen verbrannt. Die Großmutter hatte gesalzenen Tee zubereitet. Mein Vater, der sehr krank war, betete vor dem Altar. Alles menschliche Leben ist wertvoll, und wir wissen nicht, wie viel Zeit uns noch zum Leben bleibt. Mein Vater war drei Tage nach der Abreise des Mönchs an einem gewittrigen Vormittag gestorben. Der Donner hatte am dunklen Himmel gerollt, plötzlich hatte ein goldener Blitz die Wolken durchbrochen und einen bestimmten Punkt auf dem Nachbarberg erleuchtet, dem heiligen Ort, wo seine Leiche hingebracht werden sollte. Dort würden die Bestatter sorgfältig das Fleisch von den Knochen lösen, während die Geier ungeduldig auf den Moment des Festschmauses[8] warteten.

Ich erhielt von Lama Tsering eine klösterliche Ausbildung nach Karma-Kagyü-Tradition und war lange Zeit Mönch, aber die Ereignisse in Tibet brachten mich dazu, die Waffen gegen die chinesischen Besetzer zu erheben. Mein Lehrer wurde vor meinen Augen von einer Patrouille der Volksbefreiungsarmee getötet. Einige Jahre später wurde ich meinerseits festgenommen und im

18

Hauptgefängnis von Lhasa, in Drapchi, eingesperrt. Zehn lange Jahre war ich dort und musste Zwangsarbeit verrichten und Umerziehung und Folter über mich ergehen lassen. Als ich frei war, wollte ich in das Kloster Tsurphu zurückkehren, den Sitz der Karmapas. Damals war der sechzehnte Karmapa bereits aus Tibet[9] geflohen und die Roten Garden hatten das Kloster zerstört. Doch davon wusste ich nichts.

Ich versteckte mich mehrere Monate in den Ruinen, dann suchte ich Zuflucht in einer Grotte. Von dort aus konnte ich sehen, wie sich der Bach, an dessen Ufer ich später noch häufig meditieren sollte, ins Tal schlängelte. Am Vortag waren mir Milarepa und Gampopa[10], sein Schüler, im Traum erschienen. Ich träumte, dass sie seit Jahren in einer Grotte meditierten, tief in den Bergen, in vollkommener Abgeschiedenheit. Gampopa hatte die Angewohnheit, den singenden Eremiten[11] zu besuchen, dessen Haut im Laufe der Zeit eine grünliche Färbung angenommen hatte, da er sich nur von Brennnesselsuppe ernährte. In meinem Traum bot Milarepa seinem Schüler Gampopa in einer Schale, die aus einem menschlichen Schädel bestand, etwas *chang* an – dieses Gerstenbier, das wir Tibeter so sehr schätzen. Der Mönch, der übrigens auch Mediziner war, lehnte ab, da sein Enthaltsamkeitsgelübde es ihm nicht erlaubte, ein alkoholisches Getränk zu sich zu nehmen. Immer noch in meinem Traum sah ich, wie Milarepa schallend lachte und Gampopa anschließend erklärte, dass für einen Buddhisten der Gehorsam gegenüber seinem Meister selbstverständlich ist. Gampopa nahm einen Schluck und Milarepa wusste nun, dass der Mönch, der vor ihm stand, sein geistiger Erbe sein würde. Und jedes Mal, wenn der Mönch den Eremiten verließ, legte dieser seine Füße auf dessen Kopf und spendete ihm so seinen Segen.

Genau am Tag meines Traumes hatte Gampopa seinen Lehrmeister Milarepa um genaue Unterweisungen gebeten. Dieser hatte geantwortet: „Was du brauchst, ist noch mehr geistige Anstrengung, ansonsten benötigst du keine Unterweisungen."

Der Schüler war erfüllt von Fragen, Zweifeln und mit einer schwer zu ertragenden Ungewissheit fortgegangen. Als er bereits ein Stück weg war, hörte er Milarepa schreien: „Ich besitze eine geheime Unterweisung von großer Tiefgründigkeit, aber sie ist zu kostbar, um enthüllt zu werden!"

Gampopa drehte sich um und sah, wie Milarepa, der ihm den Rücken zudrehte, sein in Fetzen herunterhängendes Baumwollkleid anhob und ihm die Schwielen an seinem Gesäß zeigte, die durch jahrelange Meditation härter geworden waren als die Hörner eines Yaks: „Das ist meine letzte Unterweisung, lieber Sohn!"[12] rief er und lachte schallend.

Am ersten Abend in meiner Grotte habe ich viel gelacht, wenn ich an diese Geschichte dachte. Da mich mein Lehrer Tsering in den Grundlagen der tibetischen Medizin unterrichtet hatte, konnte ich überleben, wenn ich meine rudimentären Kenntnisse anwendete. Ich widmete mich der Meditation bis zu jenem Tag, an dem ich eine Vision hatte: Mönche, Einwohner (vor allem Frauen) und Pilger arbeiteten in den Ruinen von Tsurphu; manche trugen Steine, andere behauten sie. Zimmerleute arbeiteten, wobei sie *mantras** rezitierten. Die Anstrengung ließ sie über sich selbst hinauswachsen.

Einige Tage später verließ ich meine Grotte. Ich schloss mich einer Gruppe von Mönchen an und wirkte auch beim Wiederaufbau eines Teils der Gebäude mit.

———————

Seit den denkwürdigen Ereignissen des Jahres 1998 waren einige Monate ins Land gegangen, und in Tsurphu, das zur Hälfte wieder aufgebaut war, ging das Leben im gemächlichen Rhythmus eines tibetischen Klosters weiter. Die Pilger kamen in Scharen. Wir wurden weiterhin bewacht. Die Kommunisten hatten sich im Kloster und im umliegenden Gelände niedergelassen. Sie ließen den siebzehnten Karmapa nicht aus den Augen, außer wenn er sich zu einem Retreat, also zur intensiven Meditation in Einsamkeit und Stille zurückzog.

Der Weg, der uns in die Freiheit führt, liegt nicht in Tibet, er befindet sich anderswo. Er ist bei dem, den die Chinesen den Treulosen nennen. Die von chinesischen Beamten bezahlten „roten Lamas" verbrennen im Feuer ihrer Enttäuschungen. Die anderen sind Schlächter, die sich als friedfertige Menschen verkleidet haben. Sie sind dazu fähig, euch in Stücke zu reißen, euch alle Glieder zu brechen, weil sie ein Foto des Dalai Lama oder Gendüns – des echten Panchen-Lama – bei euch gefunden haben. Kürzlich wurden uns Gerüchte zugetragen, dass Gendün in einem Gefangenenlager in Lanzhou in der Provinz Gansu gestorben sei, aber man kann nichts mehr glauben.

Mein ganzes Leben lang habe ich gelernt, wie wichtig Würde, Mitgefühl und Toleranz sind, niemals aber, was Knechtschaft bedeutet. Die Tibeter, Mönche wie Laien, waren schon immer von einem großen Hunger nach Freiheit erfüllt, und wir zitterten bei der Vorstellung, dass auf Karmapa ein neuer Mordanschlag verübt werden könnte.

An diesem Morgen beeilte ich mich, an den Fluss zu kommen. Die Sonne stand hoch. Ihre Strahlen wärmten meinen Körper. Tiefblauer Enzian und einige Edelweiß bedeckten den Boden. Einige Kinder tollten herum. Ihre Spiele riefen Erinnerungen in mir wach. Mütter flochten ihren Töchtern bunte Blumen in die Haare, die Jungen spielten Verstecken oder würfelten. In Gedanken war ich bei meinen Eltern, Nomaden in Kham, die von einer Welle von Gewalt hinweggefegt worden waren. Meine Mutter starb an den Folgen einer Zwangsabtreibung; von meinem Onkel, den die Chinesen in die Felder führten, habe ich nie mehr etwas gehört. Einer meiner Brüder, der Mönch geworden ist, lebt in Nepal, meine Schwestern sind verschwunden.

Lastwagen parkten in einer Staubwolke vor einer Art Herberge, die kaum fünfhundert Meter vom Kloster entfernt lag. Außerordentlich viele Pilger quollen aus ihnen hervor. Minibusse und Geländewagen karrten ausländische Touristen herbei. Als Zeichen der Ehrerbietung ließen die Fahrer ihre Gäste direkt vor den Stufen des Tempels aussteigen. Die Fotografen schimpften mit den Fahrern, weil sie ihre Fahrzeuge nicht wegfuhren. Vorübergehend herrschte eine friedliche und freiheitliche Stimmung in Tsurphu. Aber die Tibeter ließen sich mit diesem Köder nicht locken. Über die abendländischen Besucher möchte ich lieber nichts erzählen – mit einer Ausnahme: Eines Abends, als im Beisein Karmapas Zeremonien im großen Tempelsaal abgehalten wurden, erblickte ich einen erstaunlich aussehenden Mann. So jemanden hatte ich noch nie gesehen. Er war recht groß, einfach gekleidet, aber was mich beeindruckte, war sein feuerroter Bart. Im Bruchteil einer Sekunde hatten wir uns verstanden. Er fotografierte viel, näherte sich mir dabei aber nicht. Als die Gebete beendet waren, bot der Mann Karmapa eine Khata an. Das Gesicht des Jungen, das bis jetzt recht streng und auch ein wenig gelangweilt gewirkt hatte, veränderte sich plötzlich. Als er diesen merkwürdigen Kerl sah, der aus irgendeinem fernen Teil der Welt stammte und sich respektvoll vor ihm verbeugte, erhellte sich sein Gesicht mit einem breiten Lächeln. Karmapas Augen leuchteten plötzlich wie Sterne. Der Junge und der Fremde hatten sich ohne miteinander zu sprechen alles gesagt.

Die Vorsicht dieses Ausländers zeigte sich in allem, was er tat. Ich hätte gerne mit ihm gesprochen, aber es war zu gefährlich. Ich wusste, dass er unsere Geschichte und unser Leid kannte. Ich beobachtete ihn, bis er das Kloster verließ. In einem geeigneten Augenblick drehte er sich um und sah mich an, und in der Andeutung eines Lächelns und einem Aufleuchten der Augen schien er einen Moment lang Teil unserer dramatischen Situation zu sein. Niemals werde ich den Mann mit dem Feuergesicht vergessen. Er stieg wieder in den Bus und ich setzte meinen Weg zum Fluss fort.

Ich setzte mich auf einen Stein und betete mit Hilfe meiner *mala**, indem ich die Perlen mit einer unauffälligen, regelmäßigen Bewegung des Daumens weiterschob. Das tat ich, bis die Abenddämmerung kam. Ich beobachtete die nahen Berge, manchmal drangen seltsame, fern klingende Stimmen zu mir vor. Am Ufer des Flusses fühlte ich mich glücklich, aber doch auch nicht ganz frei. Am Nachmittag kamen die Stimmen wieder, diesmal präziser. Dieser Ort war für mich ideal zum Meditieren. Wie soll ich diese magischen Augenblicke beschreiben? Tibet besitzt viele Plätze, die reich an übernatürlichen Kräften sind, vor allem sind es die Seen.[13] Die Tibeter, die stets nach einer Vision Ausschau halten, kommen in Scharen dorthin. Ich war noch niemals an einem dieser Seen gewesen. Zweifellos hatte ich noch nicht das Bedürfnis danach gehabt! Dafür liebte ich es umso mehr, allein an dem Wasserlauf zu sitzen, der sich einige hundert Meter von unserem Kloster entfernt vorbeischlängelte. Um zu beschreiben, was damals passierte, reicht es nicht aus, sich an ein paar dunkle Wolken zu erinnern, die über das unendliche Blau des Himmels wanderten, oder seinen Blick auf der klaren Oberfläche eines Sees ruhen zu lassen und darauf zu warten, dass die Gottheiten ihre Arbeit tun. Ihr könnt euch sicher sein, dass das Mitgefühl Buddhas sich nicht in diesem flüssigen Spiegel zeigen wird. Nur die einfachsten Gemüter denken, dass es so ist. Ich bin anderer Meinung. Seid dennoch versichert: Es gibt nichts, was man nicht auch sehen könnte.

Eines Tages, als ich mich wieder einmal auf meinen Stein gesetzt hatte, drang plötzlich großer Lärm zu mir herüber. Meine Finger glitten über die Mala: ‚Gyalwa Karmapa, gewähre mir dein Mitgefühl und erleuchte meinen Geist mit deiner Klarheit!'

Vom Kloster her drang das Geräusch von Zimbeln herüber. Die Mönche schlugen sie aneinander. Hörnerklang mischte sich mit Rufen, die von weither kamen. Genau über mir zog ein Adler seine unsichtbare Spur am Himmel. Er verlor eine Feder, die vom Wind sanft vor meine Füße getragen wurde. Ich gab Acht, dass ich sie nicht berührte, zumal dieser erstaunliche Singsang in der Luft war, den die Alten noch genau kennen. Die Melodie kam näher, sie wurde stärker, drängender und schöner, als ich sie mir bis dahin hatte vorstellen können. Ich hatte die Augen geschlossen, und meine Gedanken flogen in die endlosen Weiten meiner früheren Leben. Eine unbestimmte Bewegung und das Gefühl, dass sich jemand Fremdes in der Nähe aufhielt, holten mich abrupt in die Wirklichkeit zurück. Und da erblickte ich sie zum ersten Mal: Eine Wölfin hatte sich auf der anderen Seite des Wasserlaufs niedergelassen und beobachtete mich. Überrascht machte ich eine abwehrende Bewegung. Das Tier wich mit eingezogenem Schwanz, gesträubtem Fell und drohend geöffnetem Maul einige Meter zurück. Aber eine innere Stimme sagte mir, dass keine Gefahr bestand und es ausreichte, wenn ich mich so ruhig wie möglich verhielt. Die Wölfin kam vorsichtig zurück und setzte sich wieder an ihren Platz. Die Abenddämmerung ging ihrem Ende zu. Glücklicherweise konnte uns vom Kloster aus niemand sehen.

Am Tag nach der kommunistischen Invasion hatten die Soldaten der Volksbefreiungsarmee aus ihren Panzerfahrzeugen auf wilde Tiere geschossen und in unserer so reichen Tierwelt ein schändliches Massaker verübt. Sie verteilten sogar Geld an Kinder, damit sie die Jungvögel aus den Nestern holten. Die Jagden, die Safaris und das Abschießen von ganzen Herden wilder Yaks sind die Ursache dafür, dass diese Tiere heute in Tibet selten geworden sind. Ganze Tierarten sind von unserer Erde und unserem Himmel verschwunden: Man sieht fast keine Wölfe mehr, nur noch sehr wenige Antilopen, praktisch keine Hirsche und Schneeleoparden nur noch in Höhen, die die Chinesen niemals erreichen.

Diese Wölfin, die sich so nahe an Tsurphu heranwagte, ging eine große Gefahr ein. Zweifellos sagte ihr dies auch ihr Instinkt...

Sie erinnerte mich an eine Begegnung, die ich vor einigen Jahren gehabt hatte. Ich war seinerzeit nach Tashilhunpo gegangen, dem Sitz der Panchen Lamas. Einer meiner Cousins war dort Mönch, und er hatte mir von einem Eremiten erzählt, der in einer Höhle einige Kilometer von Deki Rabdam entfernt lebte. Ich hatte mich sofort auf den Weg gemacht. Ich brauchte fast drei Wochen, um ihn zu finden. Er lud mich zum Tee ein. Ich bot ihm etwas *tsampa** an, die geröstete Gerste, die wir mit Flüssigkeit mischen. Ich hatte mich ihm gegenüber hingesetzt, wir opferten Weihrauch und Wacholder, dann riefen wir die Gottheiten an.

Der Eremit und ich erlebten in dieser Höhle intensive, gemeinsame Momente des Gebets und der Meditation. Eines Abends drang eine fahlgelbe Wölfin, von der mir mein Cousin vage erzählt hatte, in die Höhle ein. Während sie an mir schnupperte und sich an mir rieb, rezitierte der Eremit seine Mantras weiter. Ich weiß nicht mehr, wie lange sich dieser seltsame Reigen hinzog. Schließlich legte sich die Wölfin neben dem Eremiten nieder[14].

„Bei Sonnenaufgang", sagte nun der Eremit, „musst du nach Tsurphu zurückkehren. Du hast dort eine sehr wichtige Aufgabe zu erfüllen. Wenn du zum dritten Mal eine Wölfin siehst, die genauso aussieht wie diese hier, wird die Zeit gekommen sein. Am Tag nach der Erscheinung sollst du die lange Flucht mit dem siebzehnten Karmapa in Angriff nehmen."

„Aber das Kind ist doch noch nicht einmal gefunden!" rief ich überrascht aus.

„Es existiert, und du wirst es bald erfahren. Hab Geduld! Ich kann dir nichts weiter sagen. Eins noch: Dieser Karmapa wird in der Geschichte unseres Landes eine wichtige Rolle spielen. Geh und praktiziere Liebe, Toleranz und Mitgefühl; so wie es dich dein Lehrer gelehrt hat. Gib dich niemals dem Hass hin. In der Nähe von Tsurphu, an einem Ort, den du erfühlen wirst, wirst du Visionen haben, die genauso klar sind wie die Visionen am Lhamo-Latso."

Es war ein Abend im Jahr 1999, als sich die Wölfin zum dritten Mal in der Nähe des Flusses zeigte. Das Wasser stand plötzlich still und wurde milchig; alle Farben des Regenbogens bildeten sich in ihm ab, dann erschienen mir die Gottheiten und alle Symbole. Ganz offensichtlich war das nicht das Paradies, aber es lag ein Duft nach Freiheit in der Luft… Die idyllische Szenerie umfasste Bäume, einen Platz, wo die Mönche debattierten, einen Weg, der sich um einen Hügel und eine Residenz schlängelte, und *mani*-Steine*, vor denen man sich versammelte. Nach und nach konnte ich an der Flanke des Hügels einen nicht sehr hohen Berg erkennen, auf dem Gebetsfahnen von einem Tempel wehten. Schatten glitten im Kerzenlicht zitternd über den Boden, Weihrauchspiralen trübten das Wasser, das sich anschließend wieder aufklarte. Die Schatten stammten von Tibetern, Mönchen und Laien, Jungen und Älteren, die sich hinknieten, sich wieder erhoben und erneut über den Boden glitten – Szenen, die mir nicht fremd waren. Diese Gesten entsprachen den rituellen Niederwerfungen, die wir hier auch am *linkhor* ausführen, dem heiligen Pfad, der den Tempel und die Residenz des Karmapa umrundet. Murmeln, Gebete, Niederknien… In der wieder klar gewordenen Strömung sah ich verschneite Pässe auftauchen und darüber die Gesichter des Dalai Lama und des Karmapa leuchten.

Das war am 27. Dezember. Angesichts der Gerüchte über einen Mordanschlag auf Karmapa, die weiterhin in Umlauf waren, trafen wir eine folgenschwere Entscheidung: Urgyen Trinley Dorje würde Tsurphu am darauffolgenden Abend verlassen, um zum Dalai Lama zu gelangen.

Anmerkungen

[1] Die *Hunderttausend Gesänge des Milarepa* erschienen deutsch unter dem Titel *Milarepas gesammelte Vajra-Lieder* im Theseus Verlag, Berlin (Bd. I: 1996, Bd. II: 1997). Die Übersetzung folgt dem französischen Text von Marie-José Lamothe (Paris: Fayard) 1985.

[2] Der Potala, der berühmte, Lhasa überragende Palast, ist die Winterresidenz der Dalai Lamas. Unter der Herrschaft des fünften Dalai Lama wurde zunächst der weiße Teil des Gebäudes errichtet. Der rote Teil wurde dann 1690 unter der Regentschaft Sangye Gyatsos (1653–1705) hinzugefügt. Der Potala beherbergt die Gräber des fünften Dalai Lama und seiner Nachfolger (mit Ausnahme des sechsten). Das Namgyal, ein vom dritten Dalai Lama 1774 im Kloster von Drepung gegründetes Kollegium, wurde ebenso dorthin verlegt wie alle Verwaltungsabteilungen.

[3] 1447 gründete der erste Dalai Lama in der Nähe von Shigatse, der zweitgrößten Stadt Tibets, die ungefähr 300 Kilometer von Lhasa entfernt liegt, das Kloster Tashilhunpo. Nach dem Willen von Ngawang Lobsang Gyatso, dem fünften Dalai Lama, wurde Tashilhunpo im XVII. Jahrhundert zur Residenz der Panchen Lamas.

[4] Am 26. Oktober 1951 nahmen 3000 Männer der 18. Armee die Stadt in Besitz. Bald danach mussten tibetische Gefangene Straßen und Landepisten bauen.

[5] Es handelt sich um ein Pseudonym. Jede Ähnlichkeit mit einer lebenden Person wäre zufällig. Tashi lebt im Exil. Aus Sicherheitsgründen wurden bestimmte tibetische Namen und Orte geändert und einige Situation anders erzählt.

[6] Dass eine Frau mit mehreren Männern verheiratet ist, ist in Tibet bei den Viehzüchtern und Bauern üblich. Meist sind es Brüder, von denen der älteste als Familienoberhaupt angesehen wird. Durch diese Form der Heirat vermeidet man, dass die Besitztümer verstreut werden, und die Aufgaben können besser verteilt werden. Wenn der ältere stirbt, nimmt der jüngere Bruder seinen Platz ein. In Amdo aber herrscht die Einehe vor. Die Polygamie findet sich vor allem im tibetischen Adel, was (politische) Eheschließungen ermöglicht.

[7] Eines der traditionellen tibetischen Gerichte ist das *tsampa*, das aus dem Mehl gerösteter Gerste zubereitet wird.

[8] Gemäß der alten tibetischen Tradition erstellt der Astrologe für jeden ein eigenes Horoskop und bestimmt im Augenblick des Todes den günstigsten Zeitpunkt und die Art und Weise der Bestattung. Die Elemente spielen dabei eine wesentliche Rolle. Die Bestattung findet unter freiem Himmel statt: Der Leichnam wird zerlegt und die einzelnen Teile des Körpers werden den Raubvögeln geopfert. Diese Methode wird am häufigsten praktiziert; die Verbrennung ist hohen Würdenträgern vorbehalten. Manchmal werden Lamas mit Salz einbalsamiert: Dann wird ihr Körper zu einer Reliquie. Das Versenken im Wasser, in einem See oder in einem Fluss, ist eine weniger gebräuchliche Methode.

[9] Er verließ Tibet im selben Jahr wie der Dalai Lama, 1959. Er floh nach Sikkim und ließ dort das Kloster Rumtek wieder aufbauen.

[10] 1079–1153

[11] Die *Hunderttausend Gesänge* des Milarepa wurden in der ganzen Welt übersetzt.

[12] Nach Surya Das: *Contes tibétains* (Le courrier du livre).

[13] Es gibt zahlreiche heilige Seen, von denen der ungefähr 50 Kilometer von Lhasa entfernt liegende Lhamo Latso – der See der Visionen – der bekannteste ist.

[14] Nach Gilles van Grasdorff: *Guendun, l'enfant oublié du Tibet*, Paris (Presses de la renaissance) 1999.

2

Schatten in der Nacht

Ich wusste, dass ich die Wölfin niemals wiedersehen würde, und ich war darüber sehr traurig.

Am 28. Dezember 1999 war alles bereit. Kurz vor Sonnenaufgang stand ich auf und verließ das Kloster, um zu der Höhle zu gelangen, die mir vor mehreren Jahren Schutz gewährt hatte. Ich dachte an meine Eltern, meine Schwestern und Brüder, an die Vertrauten Karmapas, die höchstwahrscheinlich festgenommen werden würden, und an die Mönche, die furchtbare Strafen würden ertragen müssen. Als ich mich dem Fluss näherte, hörte ich kurz auf das vertraute Geräusch des plätschernden Wassers am Ufer. Da ich keine anderen Geräusche wahrnahm, schloss ich, dass keine Gefahr bestand. Zehn Schritte von dem Stein entfernt, auf den ich mich meist setzte, um zu meditieren, hatte ich ein Versteck gegraben. Dort hatte ich warme Kleidung, zu einem Bündel zusammengerollt, bereitgelegt. Außerdem befanden sich dort ein Ledersack mit Tsampa, Wanderschuhe, ein paar indische Rupien und Yuans. Eine Feldflasche mit noch warmem Tee hatte ich ebenfalls mitgebracht. Ich nahm alles heraus und bedeckte das Versteck sorgfältig mit Erde, was eine Ewigkeit zu dauern schien. Schon zeichneten die ersten Strahlen der Morgendämmerung ihre ungewöhnlichen Schatten. Ich hatte keine Zeit mehr, mich umzuziehen.

Ohne meine Sandalen auszuziehen, stieg ich ins Wasser. Es war eiskalt. Erst reichte es mir bis zu den Knöcheln, dann bis zu den Knien – vor allem durfte ich nicht fallen! Ich dachte an Karmapa, der an diesem Abend einen ähnlichen Weg nehmen würde, an all die Gläubigen, deren Herz vor Aufregung gewiss viel schneller schlagen würde als sonst. Am anderen Ufer entschied ich mich für einen Pfad, der am Fluss entlang führte und sich im Osten des Klosters einen Hügel empor schlängelte. Ich rannte los, wobei ich einen Stein nach dem anderen übersprang. Mein Bündel störte mich. Das Blut pochte in meinen Schläfen. Auf halber Höhe fand ich eine geeignete Böschung, wo ich meine Mönchsrobe gegen wärmere Kleider wechseln konnte, die für solche Abenteuer besser geeignet waren. Als ich die geschützte Stelle verließ, sah ich Tsurphu zum letzten Mal. Es fiel mir schwer, meine Gefühle unter Kontrolle zu halten. Zurückzugehen war unmöglich. Ich entschied mich, immer geradeaus Richtung Westen abzukürzen. Es gab keinen erkennbaren Pfad mehr. Ich strauchelte an mehreren Stellen, zum Glück verletzte ich mich nicht. Als ich auf dem Hügel angekommen war, suchte ich mit den Augen den Horizont ab. Alles schien ruhig. Etwas abseits vom Kamm fand ich meine Höhle. Hierher kam keine Patrouille. Ich wusste, dass ich in Sicherheit war.

An diesem Morgen musste ich wieder an Milarepa denken: „Ich lebte im Dunkeln, und dennoch war es hell...1". Auch ich liebte die Einsamkeit in den Bergen und diesen Eindruck von Weite.

Aber um die Freiheit zu erringen, muss man tausend Opfer bringen. 1959 hatte der Dalai Lama diese Erfahrung gemacht; genauso Rangjung Rigpe Dorje, der sechzehnte Karmapa. Ich hatte einmal eine Familie gehabt, Brüder und Schwestern: Außer meinem Vater und einem Bruder waren alle in Arbeitslagern oder unter der Folter gestorben. Heute widme ich mein Leben dem gewaltfreien tibetischen Widerstand, den der Dalai Lama vertritt. An jenem Morgen im Dezember jedoch war es mir nicht ganz geheuer, Tsurphu zu verlassen; aber auf den Karmapa lauerten zu große Gefahren.

Als ich die Höhle erreicht hatte, schoss mir ganz kurz der Gedanke durch den Kopf, dass die Wölfin mich erwarten könnte.

Nichts erinnerte mehr daran, dass ich hier früher schon einmal gelebt hatte. Mehr Steine als damals verbargen den Eingang, aber das war ja nicht von Nachteil. Mit einigen Wacholderzweigen, die ich in aller Eile im Tal gesammelt hatte, entfachte ich ein Feuer und legte mich direkt daneben. Das Warten würde mir noch lang werden. Draußen war Wind aufgekommen, er fegte über die Gipfel, drang in die Erdspalten und zog über die Schlucht, die in die Ebene mündete. Die Dunkelheit hatte sich wie ein Mantel über den Ort gelegt, an dem ich mich befand. Zweifellos würden mir die Gottheiten ihren Schutz nicht versagen!

Jetzt konnte ich mich an jedes kleine Detail erinnern, das meinem Aufbruch vom Kloster vorausgegangen war. Karmapas Flucht war minutiös vorbereitet worden. Nur wenige teilten unser gefährliches Geheimnis. Einige Wochen vorher hatten Freunde die Strecke von Tsurphu bis zur Grenze von Nepal probeweise zurückgelegt. Alle hatten wertvolle Informationen mit zurückgebracht, indem sie die Kontrollpunkte, die Garnisonen, die Routen der Militärkolonnen und die Polizeipatrouillen genau auflisteten. Sie hatten auch herausgefunden, ob wir am besten zu Fuß, zu Pferd, im Bus oder im Auto von einem Punkt zum anderen kamen, ohne die Aufmerksamkeit der Chinesen oder der Tibeter zu erregen. All diese Informationen waren untereinander ausgetauscht worden, und der Zeitpunkt der Flucht wurde erst im letzten Moment festgesetzt.

In der Woche vor seiner Flucht hatte Urgyen Trinley Dorje ein Retreat beantragt, das er in seinen Privaträumen in der dritten und damit höchsten Etage des Gebäudes durchführen wollte. Er hatte die lokalen Behörden und die Sicherheitskräfte in Tsurphu darum gebeten, seine Privatsphäre zu achten. Währenddessen wurde der Mitsubishi-Geländewagen des Klosters zur Reparatur in die Werkstatt gebracht.

Dienstag, 28. Dezember ... dieser Tag wird sich niemals mehr aus dem Gedächtnis der Tibeter löschen lassen. Schubartig kam in mir die Erinnerung zurück an die ununterbrochene Folge von furchtbaren Jahren – schon ein halbes Jahrhundert! – unter dem kommunistischen Joch. Wie würde das neue Leben von Urgyen Trinley Dorje aussehen? Wie würde mein Leben sein? Und wie viele Hindernisse würden wir überwinden müssen, um an den Ort der Freiheit zu gelangen, den ich tags zuvor im Wasser des Flusses gesehen hatte?

Nachdem ich zum letzten Mal die Gottheiten angerufen und sie um ihren Schutz für Karmapa und seine Freunde gebeten hatte, verließ ich am Nachmittag die Höhle. Das Licht fiel schon schräg auf die Berge. Ich wanderte schnell und richtete den Blick fest geradeaus. Über Tsurphu stürzte sich ein Adler hinab. Ansonsten passierte bis zum Abend nichts mehr.

Vermutlich hatten die Mönche im Kloster Karmapa seine Mahlzeit früh am Abend gebracht. Bestimmt hatte der junge Karmapa darauf geachtet, dass er ausreichend aß und dann lange vor dem Altar gebetet. Woran mochte er denken? Je weiter die Nacht voranschritt, desto mehr Fragen stellte ich mir. Ich sollte die Antworten bald bekommen...

Gegen 23 Uhr öffnete Urgyen Trinley Dorje das Fenster seines Zimmers, kletterte einen Stock tiefer und erreichte schließlich das Erdgeschoss. Er trug Jeanskleidung und schlich außen am Gebäude entlang. Aber alles hatten wir leider nicht vorausgesehen. Während die chinesischen Wächter vor dem Fernseher saßen, wollten sich einige Mönche kurz die Füße vertreten. Einer von ihnen stand kaum fünf Meter von Karmapa entfernt, als zum Glück einer unserer Männer den Mönch herbeirief:

„Hast du den Fahrer gesehen? Ich suche ihn überall..."

„Nein", antwortete ihm der Mönch.

Karmapa versteckte sich in den Ruinen und wartete. Diese Minuten müssen ihm endlos vorgekommen sein. Von den Steinen

geschützt schlich es sich zu guter Letzt zu dem am Vortag vereinbarten Treffpunkt.

Der Chauffeur des Mitsubishi-Geländewagens saß bereits hinter dem Steuer, der Motor war noch abgestellt. Ein zweiter Fahrer und ein treuer Freund saßen mit im Auto.

Der Fahrer setzte den Wagen in Bewegung. Sie fuhren in westliche Richtung. Fünf Kilometer von Tsurphu entfernt hielt der
Fahrer an, um mich einsteigen zu lassen.

***

Noch befanden wir uns in einem feindlichen Land. Im Fahrzeug
überstimmte das klagende Gemurmel der Mantras das Brummen
des Motors. Wir mussten uns auf dem Weg in die Freiheit so
schnell wie möglich von Tsurphu entfernen, wobei wir hofften,
dass die Wächter Karmapas Flucht nicht sofort bemerken und wir
den schärfsten Kontrollen entgehen würden. Das Mondlicht
wachte über unsere Flucht und erlaubte mir, Urgyen Trinley Dorje ein wenig zu betrachten. Von ihm ging dieselbe Kraft aus, die
auch sein Vorgänger, der sechzehnte Karmapa, besessen hatte.
Sein Lehrer, Tai Situ Rinpoche, war in diesem Augenblick nicht
sichtbar, aber dennoch in der Gegenwart des Kindes mit anwesend. Bei uns tibetischen Buddhisten gibt es von einer starken
Kraft erfüllte Beziehungen, die auf Vertrauen und Hingabe beru-
hen. Wenn ein naher Schüler ein sehr intensives Training in Vi-
sualisations-Übungen ausführt, führt dies dazu, dass der Segen
des Meisters – seines Lehrers – die durch die Entfernung gege-
bene Distanz überwindet und dass mit Kraft gehandelt werden
kann.

Karmapas Flucht war unter anderem darin begründet, dass
ihm die chinesischen Behörden verboten hatten, seine Lehrmeister regelmäßig zu treffen, um von ihnen die einem *tulku** gemä-
ße Ausbildung zu erhalten und geheime mündliche Unterwei-

sungen zu empfangen, die seiner spezifischen Linie vorbehalten sind. Tai Situ Rinpoche besaß lange Zeit ein Visum, das ihm erlaubte, zwischen Indien und dem Kloster Tsurphu hin und her zu reisen. Später wurde es ihm entzogen: Kurz zuvor hatte Karmapa erklärt, dass er sich nicht mehr vor Norbu, dem „falschen" Panchen Lama, niederwerfen würde. Dieser war von den Kommunisten anstelle Gendüns eingesetzt worden, der mitsamt seiner Familie seit Juli 1995 verschwunden ist.

Gendün war vom Dalai Lama offiziell anerkannt worden.

Keine Treuepflicht für einen Falschen! Die Mordversuche, die Verschwörungen und der Druck, den man auf ihn ausgeübt hatte, damit er den „falschen" Panchen Lama anerkannte, aber auch die Verbote, seine Lehrer zu treffen: all das erklärte die Flucht von Urgyen Trinley Dorje aus seinem Kloster, das in Wahrheit ein Gefängnis war.

Wenn Tai Situ Rinpoche auch der Tutor war, der Vertraute, der Freund, wie ein Vater und mehr als das, war er darüber hinaus noch der Schatten, der über Urgyen Trinley Dorje wachte, der Stern, der für ihn schien, die Macht der Buddhas, der Schatz der Erwachten, der jeden seiner Schritte begleitete. Ich war davon überzeugt, dass das waghalsige Abenteuer, zum Dalai Lama nach Dharamsala zu fliehen, nicht scheitern konnte, wenn Karmapas Lehrer durch ihn wirken und seine Energie verzehnfachen würden. Solche Dinge mögen den meisten Abendländern unverständlich erscheinen – für Buddhisten sind sie es nicht. Kurze Zeit nach dem Tod des Vorgängers von Urgyen Rinpoche hatte Tai Situ Rinpoche einen wunderbaren Moment erlebt, der auch seine Rolle als privilegierter Lehrer an der Seite Karmapas erklärt. Dieser Augenblick hatte sich in Sikkim ereignet … und während wir so schnell wie nur möglich weiter in Richtung Mustang fuhren, kam mir diese Geschichte wieder in den Sinn.

Rangjung Rigpe Dorje, der sechzehnte Karmapa, hatte kurz vor seinem Tod vorhergesagt, dass sein Nachfolger eine bedeutendere Rolle als er selbst in der Geschichte Tibets und des Buddhismus spielen würde. Als er am 5. November 1981 an den Folgen einer Krebserkrankung starb, hielt ich mich gerade in den Vereinigten Staaten auf, in einem der Zentren, die unser Lehrmeister eröffnet hatte, um die Lehre Buddhas zu verbreiten. Rangjung Ripe Dorje lag im Krankenhaus von Zion, in der Nähe von Chicago, und wurde von Dr. Ranulfo Sanchez betreut, der die interessante Bemerkung machte: „Ich spürte förmlich, dass Seine Heiligkeit kein gewöhnlicher Mann war. Wenn er Sie beobachtete, dann war es, als würde er Ihr Inneres prüfen, als könnte er durch Sie hindurch sehen. Die Art, wie er mich anschaute, beeindruckte mich sehr; er schien alles zu verstehen, was vor sich ging…"

Sein Nachfolger, Urgyen Rinpoche, hat genau denselben durchdringenden Blick, auch er liest in jedem von uns. Bei den Festlichkeiten in Tsurphu sah ich, wie sich sein Gesicht verfinsterte, als er einige chinesische Persönlichkeiten und vor allem einige Lamas sah, die wir die „roten Lamas" nennen.

Der amerikanische Arzt Dr. Sanchez fuhr fort: „Fast alle, die im Krankenhaus mit ihm zu tun hatten, waren von Seiner Heiligkeit beeindruckt. Mehrmals, als wir dachten, sein Tod stünde kurz bevor, lächelte er uns an und sagte, dass wir uns täuschten – und sein Zustand verbesserte sich. Seine Heiligkeit nahm niemals Schmerzmittel. Wir, die Ärzte, sahen ihn an und wussten, dass er große Schmerzen leiden musste. Also fragten wir ihn, ob er sehr leiden würde. Und er antwortete mit seinem gütigen Lächeln: ‚Nein.' Gegen Ende erfuhren wir, dass er unsere Beklommenheit durchschaut hatte, und wir scherzten darüber.

Alle seine Lebensäußerungen waren sehr schwach. Ich gab ihm eine Spritze, …damit er sich in seinen letzten Momenten mitteilen konnte. Während er mit den Tulkus[2] sprach und ihnen versicherte, dass er an diesem Tag nicht zu sterben beabsichtigte, verließ ich das Zimmer. Als ich fünf Minuten später wieder zurückkam, saß er aufrecht im Bett, die Augen weit geöffnet, und sagte mit klarer Stimme: ‚Guten Tag! Wie geht es Ihnen?'

Seine ganze Energie war zurückgekehrt und eine halbe Stunde später saß er redend und lachend in seinem Bett. Vom medizinischen Gesichtspunkt aus grenzte das an ein Wunder. Die Krankenschwestern waren ganz blass. Eine von ihnen schob ihren Ärmel zurück, um mir ihren Arm zu zeigen: Sie hatte eine Gänsehaut."

Als sechsunddreißig Stunden nach dem Tod des Karmapa der übliche Verfallsprozess noch nicht eingesetzt hatte, betrat Dr. Sanchez das Zimmer, beugte sich über den Toten und tastete die Region um das Herz ab: „Sie war wärmer als der übrige Körper. Dafür gibt es keine medizinische Erklärung."[3]

In den Augen seiner Schüler befand sich der Karmapa im Buddha-Zustand, der alle Konzepte übersteigt und alle Kategorien des Verstandes transzendiert. Die großen Lehrmeister des tibetischen Buddhismus können so mehrere Tage lang verbleiben. „Einige Praktizierende und Meister sterben aufrecht sitzend in der Meditationshaltung, andere in der ‚Stellung des schlafenden Löwen'. Neben einer vollkommen ausbalancierten Haltung deuten noch weitere Zeichen auf einen Zustand des Ruhens in der Grund-Lichtheit hin: Es bleibt eine gewisse Farbe und Ausstrahlung im Gesicht zurück, die Nasenflügel sinken nicht ein, die Haut bleibt weich und geschmeidig, der Körper wird nicht steif, die Augen behalten einen sanften, mitfühlenden Ausdruck und um das Herz herum ist noch etwas Wärme spürbar. Bis dieser Zustand der Meditation beendet ist, wird streng darauf geachtet, dass der Körper des Meisters auf keinen Fall berührt wird und dass völlige Stille herrscht."[4]

Der Leichnam des sechzehnten Karmapa wurde nach Sikkim

überführt, und zwei Wochen später beging man die Zeremonien anlässlich seiner Verbrennung.

Ich war am Vorabend in Rumtek angekommen. Die Vorbereitungen fanden in einer Atmosphäre tiefen Respekts und großer Hingabe statt. Mönche und Laien nahmen daran teil. Die Sonne strahlte vom Himmel. Eine bunte Menge aus Pilgern und Neugierigen drängte ins Kloster. Der nahe Hügel sah aus wie eine riesige wogende Masse von Menschen. Dem schlechten Wetter trotzend, das zuvor geherrscht hatte, hatten Lamas, Bauern, frühere Nomaden aus Tibet und Händler mehrere hundert Kilometer zurückgelegt, um dem sechzehnten Karmapa die letzte Ehre zu erweisen. Sie legten gesegnete Schals und Speiseopfer vor dem Verbrennungs-*stupa** nieder. Bewaffnete indische Soldaten hatten sich unter die Menge gemischt, die Mönche befestigten Gebetsfahnen. Für die Opfergaben war ein Altar aufgestellt worden.

Diese letzte große feierliche Zeremonie hatte einen enormen Symbolgehalt. Sie ließ die ursprüngliche Verbindung zwischen dem Lehrmeister und seinen Schülern Gestalt annehmen. Sie anerkannte auch den Übergang Karmapas in die mit unseren Begriffen nicht beschreibbare Sphäre der erleuchteten Leerheit. Gleichzeitig legte sie durch die Macht der Wünsche nach baldiger Wiedergeburt für den Menschen, der gerade seine körperliche Hülle verlassen hatte, den Grundstein zu seiner Rückkehr in diese Welt.

In der Nacht vor der Zeremonie hatte ich eine Vision gehabt: Tsurphu, unter einer Schneedecke liegend. Ich verstand dies als Aufruf, unmittelbar nach der neunundvierzig Tage dauernden Trauer um Karmapa nach Tibet zurückzukehren.

Der Tag der Zeremonie kam heran. Die Stimmung war gedrückt. Einige Gläubige waren schon vor den Pforten des Klosters in Ohnmacht gefallen. Um sich dem Stupa, in dem die Verbrennung stattfand, überhaupt nähern zu können, mussten sich die Lamas, die mit den Ritualen beauftragt waren, mit den Ellenbogen einen Weg durch die Menge bahnen. Gebetsgemurmel und der Klang der Hörner und Becken mischten sich mit Militärmusik.

Traurig hörte ich den Trommelwirbeln zu. Die nächsten Tage würden der Andacht gewidmet sein. Nach althergebrachter tibetischer Tradition bei Begräbniszeremonien oder dem Jahrestag enes Todes hatten die Mönche Hunderte von Butterlampen entzündet, die sie in den Tempeln, auf den Altären, auf den Dächern und im Außenbereich aufgestellt hatten.

Obwohl ich von einer riesigen Menschenmenge fortgetragen wurde, gelang es mir, einen Platz zu erreichen, von dem aus ich besser sehen konnte. Eine Treppe führte auf das Dach, und ich kletterte hinauf. Dort befanden sich bereits etwa zwanzig Mönche, die Weihrauch verbrannten. Als die ersten Rauchspiralen aufstiegen, fiel mein Blick auf einige Adler, die genau über dem Stupa ihre Kreise zogen. Der Himmel hellte sich weiter auf, die Sonne wurde noch strahlender. Ein Regenbogen zeigte sich, dann ein zweiter. Einen kurzen Augenblick nahm ich von dem Dach des Hauses aus wahr, wie sich das lächelnde Gesicht des sechzehnten Karmapa auf dem Hügel abzeichnete, der Rumtek überragte.

Die lodernden Flammen leckten bereits an den Gebetsfahnen, die wir auch „Windpferde" nennen. Der Rauch war undurchdringlich. Am Stupa warfen Shamar Rinpoche und Tai Situ Rinpoche Opfergaben in die Feuersglut, während hochrangige Lamas den Sarg anhoben. Begleitet von Trompeten- und Oboenklang trugen sie den Sarg zum Stupa und ließen Karmapas Körper in das Feuer gleiten.

Die Tulkus in ihrer Trauerkleidung und mit ihren zeremoniellen Hüten hatten im Hintergrund des Tempels Platz genommen; unter ihnen befanden sich die Adligen und der Gouverneur von Sikkim. Während der gesamten Zeremonie, Stunde um Stunde, zog eine schier endlose Schlange von Pilgern vor dem Monument vorbei, jeder legte einen gesegneten Schal nieder. Von nun an war der weiße Löwe[6] der Weisheit das Reittier des sechzehnten Karmapa.

Auf einmal erhob sich Tai Situ Rinpoche und näherte sich dem Nordeingang des Stupa, der geöffnet war. Das Feuer brannte lichterloh. Karmapas Körper wurde verbrannt. Tai Situ Rinpoche beugte sich genau vor die Öffnung. Dann geschah etwas Erstaunliches: Ganz sanft rollte eine Kugel auf ihn zu, so als wäre sie von einer unsichtbaren Macht angestoßen worden. Rinpoche ergriff zwei dünne Stöcke und nahm mit unendlicher Vorsicht und ohne sich um die Flammen zu kümmern, die an seiner Hand leckten, das Herz des Verstorbenen, das von den Flammen ausgespart worden war, an sich.

Für uns tibetische Buddhisten ist das Leben so flüchtig wie ein Blitz am Himmel; es kann so bunt sein wie ein Regenbogen oder auch so heftig wie ein Unwetter, das über unseren Bergen tobt. Ich werde nie vergessen, was der Buddha[7] zu diesem Thema sagte: „Unsere Existenz ist genauso flüchtig wie die Herbstwolken. Geburt und Tod der Lebewesen zu beobachten heißt, die Bewegungen eines Tanzes zu studieren. Das Leben dauert nicht länger als ein Blitz am Himmel. Es eilt vorwärts, wie ein Gebirgsbach einen steilen Berg hinunterstürzt." Die Linie der Karmapas (ebenso wie die mit ihr verwandten Linien) birgt seit Jahrhunderten zahlreiche Beispiele für die Macht des Wunderbaren, zumindest in unseren Augen, den Augen der gewöhnlichen Menschen.

Das Phänomen, das sich in Rumtek ereignet hatte, war nach buddhistischem Verständnis nicht außergewöhnlich gewesen, aber es hatte aus Tai Situ Rinpoche Karmapas „Herzenssohn" gemacht. Nach dem Tod von Rangjung Rigpe Dorje ruhte der Fortbestand der Karma-Kagyü-Linie nun auf vier Regenten: Shamar Rinpoche, Tai Situ Rinpoche, Jamgön Kongtrul Rinpoche und Gyaltsab Rinpoche.

Der hell erleuchtete Himmel über unseren Köpfen gab uns noch keinen Hinweis darauf, dass die gemeinsame Regentschaft von dunklen Wolken überschattet sein würde. Unsere Tradition ist in der Tat nicht frei von Intrigen. Sie zeigen, dass man sich – abgesehen von einer kleinen Elite von außergewöhnlichen Lehrmeistern, die ein sehr hohes spirituelles Niveau erreicht hatten – im Spiel um Macht und Prestige gegenseitig Fallen zu stellen versuchte. Derartige Intrigen hinterließen stets einen schlechten Nachgeschmack, denn sie glichen den wenig erhabenen Streitigkeiten des Samsara. Aber wir aus dem Volk wollen lieber glauben, dass auch die dunklen Erscheinungen manchmal einen versteckten Sinn enthalten, der weit über das Gewöhnliche hinausgeht. Meine Landsleute haben manchmal ein kurzes Gedächtnis, und die Kommunisten profitieren leider davon. Zu Lebzeiten Karmapas hatte es noch nicht den Anschein, als würde es eine für die Linie der Karma-Kagyü so schädliche Meinungsverschiedenheit zwischen ihren vier großen, bevorzugten Söhnen geben können.

Am Tag der Verbrennung richtete also der Verstorbene, der in allen Gemeinschaften des *dharma** unseres Landes überaus geschätzt war, eine Botschaft an seinen „Herzenssohn": Ihr versteckter Sinn würde sich erst einige Jahre später offenbaren.

Vor seinem Tod hatte der sechzehnte Karmapa einen Brief verfasst. Das Schreiben derartiger Briefe hat eine lange Tradition und geht auf Düsum Khyenpa zurück. In unseren alten Büchern wird gerne auf die Vorhersagungen Buddhas verwiesen, unter anderem auf diese: „Eines Tages wird ein Mensch geboren werden, der grenzenloses Mitgefühl empfindet, und er wird im Laufe seiner Inkarnationen unter dem Namen Karmapa bekannt."

Viele Jahrhunderte später erkannte Gampopa in Düsum Khyenpa diesen außergewöhnlichen Menschen. Auf Bitten seines Lehrmeisters hin unternahm Karmapa eine lange Pilgerwanderung, die ihn durch ganz Tibet führte; dabei verbreitete er seine

Lehren. Die Zahl seiner Schüler wurde immer größer. Nachdem er drei lange Winter und drei Sommer auf einem Felsen verbracht hatte, wo ihn die *dakini** ernährten, zog er weiter zu einem Ort westlich von Lhasa, der Tsurphu genannt wurde. Dort begann er mit dem Bau eines Klosters, das einst der Sitz der Karma-Kagyü-Linie werden würde. Düsum Khyenpa hatte die Fähigkeit erworben, die Berge zu überqueren; auf seinem Weg heilte er die Kranken und gab den Blinden das Augenlicht zurück. Als Gampopa gestorben war, sagte Karmapa seinen Schülern voraus, dass er vierundachtzig Jahre alt werden und sich wieder neu inkarnieren würde. In einem Brief hinterließ er alle Einzelheiten zur Auffindung seiner Reinkarnation. Das betreffende Kind war mit der Familie von König Trisong Detsen[8] verwandt. Im Alter von sechs Jahren überarbeitete es bereits Texte, obwohl ihm noch niemand das Schreiben beigebracht hatte. Mit zehn Jahren sprach es heilige Texte, die die Mönche rezitierten, fehlerfrei nach. Jener Lama, der alle Details aus der Vorhersage des ersten Karmapa kannte, war der Lehrer des Kindes. Er zweifelte keinen Augenblick: Vor ihm stand die erste Reinkarnation in der Geschichte des tibetischen Buddhismus!

„Heute", sagt nun der Mönch zu dem Kind, „zeigen sich die Himmelsbotinnen – die *dakini* – als Haufenwolken am Himmel. Du bist begünstigt, denn alle Lehrmeister der Karma-Kagyü-Tradition und Düsum Khyenpa sind erschienen. Du bist der zweite Karmapa, und dein Name wird Karma Pakshi sein!"

Der sechzehnte Karmapa seinerseits hatte vor Gyaltsab Rinpoche, einem der vier Regenten, ein Gedicht rezitiert, in dem er den Fundort des Briefes genau beschrieb: der Brief befand sich in einem „Schatzkästchen". Gyaltsab Rinpoche hatte jedoch nicht darauf geachtet. Karmapa musste einen Grund dafür gehabt haben, dass er nicht auf die zahlreichen Rituale hinwies, die die Karmakagyü-pa würden absolvieren müssen. Ebensowenig sprach er über die vielen Hindernisse, die die Entdeckung der Reinkarnation erschweren würden. Sie rührten von einer Unstimmigkeit unter den vier Regenten her, die es – auch wenn man es nicht glauben mag – tatsächlich gegeben hat.

Eine genaue Durchsuchung der Räume Karmapas ergab erst einmal nichts. Was sollte man den Gläubigen sagen, die ungeduldig warteten? Die Tatsache, dass noch niemand die Vorhersage gefunden hatte, hieß nicht, dass es sie nicht gab. Es war nur eine Frage der Zeit! Aber es gingen Tage, Wochen, ja Monate ins Land. Die Spannungen zwischen Shamar Rinpoche und Tai Situ Rinpoche wuchsen. Ersterer hatte auf seltsame Art und Weise zwei Mitglieder der königlichen Familie aus Bhutan ins Spiel gebracht. Obwohl er es abstritt, schien Shamar Rinpoche seine eigenen Pläne zu schmieden. Die Affäre erinnerte an ähnliche Geschichten aus der Vergangenheit, die schließlich dazu geführt hatten, dass der Vorgänger des Shamar Rinpoche aus der tibetischen Gesellschaft ausgeschlossen wurde: Ein Grenzkonflikt hatte im Jahre 1788 Tibet und Nepal zu Gegnern gemacht. Der zehnte Sharmapa, der in dieser Region auf Pilgerschaft war, wurde – zu Recht oder zu Unrecht? – beschuldigt, die Kämpfe angestiftet zu haben. Die Regierung konfiszierte sein Kloster und verbot jede neue Reinkarnation des Shamar Rinpoche. Seine rote Krone wurde verscharrt. Seit seinem Tod im Jahr 1792 wurde kein Tulku als seine Reinkarnation anerkannt – bis zum heutigen Sharmapa, der 1952 im östlichen Tibet geboren wurde. Der sechzehnte Karmapa hatte eines Tages mit Bezug auf diesen dunklen Zeitabschnitt erklärt: „Die Verdienste wurden weniger, und dies förderte die politische Einmischung. Aus schwarz wurde weiß und aus richtig wurde falsch. Zu jener Zeit konnte man den Aktivitäten des Sharmapa keine offizielle Bedeutung beimessen. Alles blieb geheim. Die Inkarnationen erschienen, aber sie wurden seitens der örtlichen Behörden nicht anerkannt."

Als Shamar Rinpoche geboren wurde, erschienen mehrere

Regenbögen am Himmel. Das Wasser der Flüsse und Seen in der Region von Derge färbte sich in den Farben des Regenbogens, dann begann es zu brodeln und nahm eine milchweiße Farbe an. In Yangpachen, im alten Kloster der Sharmapas, befand sich die Statue einer Schutzgöttin. Das Pferd, auf dem sie ritt, zerbiss plötzlich den Hammelknochen, den man ihm ins Maul gelegt hatte, als das Kloster geschlossen wurde. Der heutige Shamar Rinpoche wurde schließlich nach Tsurphu gebracht; er war genau sechs Jahre alt. Als seine Kinderfrau um den Tempel herumlief, schrie das Kind, das sie auf dem Rücken trug: „Das sind meine Lamas!"

Und tatsächlich, diese Mönche stammten ursprünglich aus Yangpachen. Vom sechzehnten Karmapa wurde Shamar Rinpoche endlich anerkannt. Jetzt ging es noch darum, dass der Dalai Lama die Entschuldigung annahm und die Linie wieder offiziell in die tibetische Gesellschaft eingegliedert wurde. Der Karmapa traf den Dalai Lama, um mit ihm über dieses Thema zu sprechen: Sie meditierten lange, deuteten Träume und schlossen daraus, dass das Kind, das inzwischen neun Jahre alt war, wirklich ein Tulku war. Shamar Rinpoche wurde vom sechzehnten Karmapa in Rumtek inthronisiert. Dort im Kloster empfing er vom Oberhaupt der Karma-Kagyü-Schule seine Lehren.

Würde sich die Vergangenheit wiederholen? Shamar Rinpoche schickte in geheimer Mission einen Gesandten nach Tibet, dessen Aufgabe darin bestand, einen potenziellen Kandidaten für die Nachfolge des sechzehnten Karmapa zu finden. Der Mann kehrte unverrichteter Dinge zurück.

Die Zeit verstrich, und für die Gläubigen wurde das Warten immer schwieriger. Wann würde man endlich die Reinkarnation des Karmapa finden? Gleichzeitig wurde die Suche unermüdlich fortgesetzt.

Im Jahr 1990 zog sich Tai Situ Rinpoche zu einem Retreat in sein Kloster nach Sherab Ling im Norden von Indien zurück. Die

Meditationsphase sollte ihm die besten Bedingungen bieten, um sich mit aller Kraft auf die Wiedergeburt des Karmapa zu konzentrieren. Er erinnerte sich plötzlich, dass dieser ihm kurz vor seinem Tod ein Amulett aus Brokat gegeben hatte, in dem gewöhnlich Mantras aufbewahrt werden. Einen solchen Gegenstand öffnet man normalerweise nicht. Aber seine Intuition sagte Tai Situ Rinpoche, dass er sich dieses Mal über den Brauch hinwegsetzen sollte. Und er machte eine unerwartete, herrliche Entdeckung! Das Amulett enthielt einen Umschlag, auf dem folgende Anweisung stand: „Erst im Eisen-Pferd-Jahr öffnen." Nach dem abendländischen Kalender handelte es sich um das Jahr 1990, und dieses Jahr hatte gerade begonnen.

Tai Situ Rinpoche berief sofort ein Treffen mit den anderen drei Regenten in Rumtek ein. Er schickte ihnen eine Botschaft, die ihr Herz „wie die Freudenschreie eines Pfaus" heiter gestimmt haben muss:

Von hier aus nördlich, im Osten des Schneegebietes
befindet sich ein Land,
wo heiliger Donner spontan erschallt
An einem fruchtbaren Ort,
wo die Nomaden lagern
mit dem Zeichen der Kuh.

Die Methode Dondrup
Und die Weisheit Lolaga.
Geboren im Jahr desjenigen,
der der Erde dient.
Mit dem weithin reichenden Wunderklang
der Weißen.
Dies ist derjenige, den man den Karmapa nennt[9].

Was sich anschließend ereignete, ist schon wieder eine neue Geschichte...

Am Tag jedoch, an dem der sechzehnte Karmapa sich inkarnierte, erschien auf einem riesigen Felsen in der Nähe des Klosters Kampo Nenang der tibetische Buchstabe „KA". Dieses Phänomen war bei jeder Inkarnation zu beobachten gewesen.

Anmerkungen

[1] Nach Marie-José Lamothe: *Dans les pas de Milarepa*, Paris (Albin Michel).

[2] Die vier Hauptschüler des Karmapa, die Linienhalter bzw. Regenten der Karma-Kagyü-Schule: Shamar Rinpoche, Tai Situ Rinpoche, Jamgön Kongtrul Rinpoche und Gyaltsab Rinpoche.

[3] Aus: *His Holiness in Zion*, in: *Vajradhatu Sun*, Bd. 4, Nr. 2, Boulder/CO, Dezember 1982. Vgl. auch Sogyal Rinpoche, *Das tibetische Buch vom Leben und vom Sterben*, Bern/München/ Wien 1993 (O. W. Barth Verlag).

[4] Sogyal Rinpoche, *Das tibetische Buch vom Leben und vom Sterben*, a.a.O.

[5] Einige Beobachter sprechen vom 19. November, andere vom 20. November 1981.

[6] Der Schneelöwe ist eines der Symbole auf der tibetischen Nationalflagge, die von der Exilregierung des Dalai Lama aufbewahrt wird.

[7] Shakyamuni oder Shakyamuni Siddharta wurde ca. 558 vor Jesus geboren.

[8] Tibetischer König, der von 755–797 regierte. Unter seiner Regentschaft wurde der Buddhismus 779 zur Staatsreligion erklärt.

[9] Nach Clemens Kuby, *Living Buddha*.

3

Wenn der Regenbogen die Sonne umarmt

Unser Geländewagen nähert sich Lhasa. Urgyen Rinpoche sagt zu uns:

„Es wird große Unruhen geben. Die Feinde des Dharma versuchen ständig, uns zu schaden, wir aber müssen das Gesetz Buddhas achten. Dabei ist wichtig, dass Mitgefühl immer mit Verstehen und Toleranz immer mit Verzeihungen einhergehen sollte." Bis jetzt hatte Karmapa geschwiegen. Ich konnte an den Bewegungen seiner Lippen sehen, dass er betete, während er seine Mala regelmäßig abrollte. Der Rosenkranz war ein Geschenk des Dalai Lama, das ihm Tai Situ Rinpoche anlässlich seiner Inthronisation 1992 überreicht hatte. Die Mala half ihm beim Zählen der Mantras. Sie unterstützt dabei, Körper, Rede und Geist in Einklang zu bringen – also das, was wir „die drei Tore" nennen.

Wir hatten uns innerlich darauf eingestellt, dass wir körperlich leiden mussten. Karmapa war sich dessen völlig bewusst. Vielleicht würden wir gar nicht ans Ziel unserer gewagten Unternehmung kommen? Für uns würde das den Tod bedeuten – oder die Hölle in den chinesischen Straflagern. Für Karmapa würde es bedeuten, dass er in seiner Residenz unter ständiger Überwachung durch die Regierung in Peking stünde und enormem Druck ausgesetzt wäre.

Unser Glaube aber konnte die Grundlage für einen glücklichen Ausgang bieten. Dass ich im klaren Wasser des Flusses bei Tsurphu die Vision des Dalai Lama und des Karmapa hatte, also beide gemeinsam sah, bestärkte mich in meiner positiven Überzeugung.

Wir wollten einen großen Teil der Reise im Geländewagen zurücklegen, aber dieser Plan konnte in jedem Moment zunichte gemacht werden. Der Fahrer fuhr immer langsamer. Wir mussten unbedingt vermeiden, die Aufmerksamkeit der chinesischen Polizei zu erregen.

Die Erinnerungen, die mir durch den Kopf gingen, als wir uns Lhasa näherten, hatten einen schlechten Beigeschmack. Ich musste an die Ereignisse denken, die den heutigen Dalai Lama veranlassten, in der Nacht vom 16. auf den 17. März 1959 aus der Hauptstadt zu fliehen. Inzwischen fließen vom „Dach der Welt" stattliche Summen an Devisen nach Peking, das im Gegenzug die Kolonisierung Tibets vorantreibt und die Arbeitslager[1] vergrößert. Der riesige Palast, der Wintersitz der Dalai Lamas, stellt natürlich eine große Attraktion für chinesische und westliche Touristen dar, die sich von der reizvollen Fremdheit des Ortes angezogen fühlen.

Beim Gedanken an den Aufstand von 1959[2] fühlte ich eine große Unruhe in mir aufsteigen. Vielleicht würden auch wir niemals hierher zurückkehren – zumindest nicht in diesem Leben? Hatten wir damals zuviel erwartet? Die kommunistischen Eroberer ließen spirituelle Angelegenheiten völlig kalt. Wir haben viel Lehrgeld bezahlen müssen, bis wir das begriffen hatten. Aber da es ihnen nicht gelungen ist, unseren Glauben zu brechen, versuchen sie, ihn sich politisch oder touristisch zu Nutze zu machen.

Unsere Herzen schlugen schneller. Wir wollten Lhasa umfahren und damit auch den großen Platz meiden, auf dem ein russisches Maschinengewehr thronte, eine Beleidigung für all jene Tibeter, die bei der chinesischen Invasion gestorben sind.

Plötzlich hörte ich mich selbst wie ein fernes Echo die Stimme des sechsten Dalai Lama zitieren:

Von der Spitze des Potala strömen die geistigen Emanationen
in alle Richtungen.
Eine heilige Ausstrahlung meiner selbst wird aus dem Norden
Tibets kommen,

um immer weiter nach Norden zu gehen
und die Wesen zu befreien, die ohne Hilfe sind
und deren Gefühle bewegt sind
angesichts der unübertrefflichen Eigenschaften,
von Körper, Rede und Geist des Buddha Shakyamuni;
der uns den Gesang zu ihrem Lob gegeben hat.[3]

Auf unserer Flucht hatten wir die Gottheiten immer wieder um ihren Schutz gebeten. Aber jetzt schwiegen alle und hörten mir zu. Ich war davon überzeugt, dass der Potala immer noch ein Heiligtum war, allein aufgrund des spirituellen Einflusses, der von den Gräbern mehrerer Dalai Lamas ausging. Außerdem war die Gegenwart des heutigen geistigen und weltlichen Führer Tibets spürbar. Als ich das riesige Bauwerk betrachtete, wurde ich von sanften geistigen Strömungen davongetragen, die mir wie kleine, durchsichtige Wellen vorkamen. Der Himmel nahm eine goldene Färbung an. Tausende von Sternen strahlten auf uns herab. Ich hatte die Vision eines Regenbogens; in seiner Mitte, die sich direkt über dem Potala befand, stand der Dalai Lama und liebkoste eine Blume, die noch feucht vom Morgentau war. Die Magie des Ortes wirkte auch jetzt.

Zehn Kilometer vor Lhasa schlug der Fahrer die Straße in Richtung Shigatse ein, der zweitgrößten Stadt Tibets. Keiner hatte Lust zu reden. Ich warf einen kurzen Blick auf Karmapa: Seine Augen waren geschlossen, aber ich wusste, dass sich hinter seinen Augenlidern der durchdringende Blick seiner schwarzen Augen verbarg, der seine Besucher regelrecht entblößen konnte. Der kleine Buddha war kein gewöhnliches Kind, er war nicht einmal ein Tulku wie die anderen. Je älter er wurde, desto neugieriger wurde Karmapa; bei seinen Vertrauten erkundigte er sich oft nach den Ereignissen, die dazu geführt hatten, dass sein Vorgänger Tibet verlassen musste. Er hörte aufmerksam zu, seine Augen leuchteten dann so hell wie die Sonne. Der junge

Karmapa erlebte seine früheren Leben noch einmal ... und ich erinnerte mich an das, was in der Vergangenheit geschehen war.

Es war der Winter 1955/56. Die Kämpfe tobten. Die Soldaten der Nationalen Befreiungsarmee griffen von allen Seiten an. Kham[4] lag in Schutt und Asche. Die Soldaten Mao Tsetungs hatten die Gewalt im Gepäck, als sie über unsere Berge kamen. Die meisten von ihnen waren noch nicht einmal zwanzig Jahre alt. Der tibetische Widerstand[5] hatte sich formiert, er wurde von der Bevölkerung unterstützt. Täglich stürmten die Khampa-Reiter gegen die kommunistischen Truppen. Mit geschickten Guerilla-Operationen brachten sie dem Feind große Verluste bei.

In Lhasa wurden die Ereignisse mit großer Nervosität verfolgt. Robert Ford, Funker des englischen Radios in Chamdo und einer der wenigen Ausländer, die bei der tibetischen Regierung eine Art Beamtenstatus inne hatten, informierte ständig über das Vorrücken der chinesischen Truppen. Mit nie gekannter Inbrunst wurden in den Tempeln und Klöstern die Schutzgötter angefleht. Tag und Nacht brannten die Butterlampen im Halbdunkel der Heiligtümer und zeichneten bewegliche, bizarre Schatten an die Wände. Wir wollten uns gerne einreden, dass die Schutzgötter eingreifen und die Han-Chinesen[6] aufhalten würden.

Die Kommunisten drangen unaufhaltsam in unsere weiten Täler vor. Aber sie waren verwundbar – auch wenn sie gut bewaffnet waren. Dennoch: Je mehr chinesische Soldaten die Khampa bei ihren Guerilla-Operationen töteten, umso mehr rückten nach. Häufig standen Chinesen und Tibeter sich in furchtbaren Kämpfen Mann gegen Mann gegenüber. Manchmal war es unmöglich, sich zurückzuziehen, weil sich die Kämpfenden nicht mehr voneinander lösen konnten.

Als erfahrene Krieger versteckten sich die Khampa nach den Angriffen in den Bergen, wo sie jeden Winkel kannten. Die Chinesen schoben der Zivilbevölkerung die Verantwortung für die Angriffe zu. Wutentbrannt fielen die Soldaten über die Dörfer her, jagten die kräftigen Männer mit Hieben ihrer Gewehrkolben aus den Häusern, konfiszierten die Waffen und folterten die Männer auf brutalste Weise[7], bevor sie sie töteten. In vielen größeren Dörfern gab es keine gesunden Männer mehr; die Frauen waren vergewaltigt, die Mädchen unfruchtbar gemacht worden. Viele erst wenige Tage oder Wochen alte Neugeborene wurden den Eltern weggenommen und nach China deportiert. Man hörte nie mehr etwas von ihnen.

„Eure Kinder gehören von jetzt an dem Himmelssohn, unserem Führer Mao Tsetung!" schrien die Offiziere.

Pausenlos nahm die chinesische Artillerie die Nomadenlager unter Beschuss. Der Granatenhagel dezimierte auch die Yak- und Schafherden. Aus den Panzerfahrzeugen wurde ständig auf die Tiere geschossen, von denen eines nach dem anderen tot umfiel – eine bestialische Schlachterei.

Auch die Klöster blieben nicht verschont; bevor die Kommunisten die Gebäude jedoch aus der Luft beschossen oder mit Dynamit sprengten, raubten sie systematisch die wertvollsten Kunstgegenstände[8] und verbrannten die Bücher. Wenn man die Mönche nicht auf der Stelle erschoss oder lebendig begrub, schickte man sie in die Arbeitslager in China oder Tibet, während die Nonnen von den Militärs vergewaltigt und anschließend enthauptet wurden – oder man überführte sie ebenfalls in ein Lager.

Ich verstand damals den Hass, den unsere Landsleute gegenüber dem Feind empfanden. Sie lehnten sich gegen Knechtschaft und Kolonialisierung auf. Häufig bedeutete der Tod eine Befreiung für sie, denn sie konnten sich nicht vorstellen, in einer Welt wiedergeboren zu werden, die der Liebe, des Mitgefühls und der Freiheit beraubt ist. Und sie zitierten den Buddha:

Was geboren wird, muss sterben,
Was gesammelt wird, wird wieder verstreut,
Was angehäuft wird, wird aufgebraucht,
Was aufgebaut wird, stürzt wieder in sich zusammen,
Und was man aufzieht, wird gedemütigt.

Auf der Flucht vor den feindlichen Übergriffen trafen täglich mehr Mönche der Karma-Kagyü-Tradition in Tsurphu ein. Sie hofften, den Massakern zu entkommen. Im Winter 1955 war es dem tibetischen Widerstand gelungen, den Vormarsch der Chinesen in die Region Chamdo aufzuhalten. Peking wollte vierzigtausend Mann zur Verstärkung schicken und forderte den sechzehnten Karmapa dazu auf, einzugreifen. Dieser reiste sofort in das Gebiet und verlangte ein Ende der Kämpfe. Fünf Jahre sollte der Waffenstillstand dauern. Karmapa traf sich mit Repräsentanten beider Lager. Jeden Tag rief er die Buddhas und Götter an. Der Frieden sollte zurückkommen! Vergeblich: die Waffenruhe war nicht von Dauer.

Bevor er nach Tsurphu zurückkehrte, besuchte Karmapa Lhasa. Damals sah unsere Hauptstadt noch ganz anders aus als die riesige chinesische Stadt, die Lhasa heute ist. Der Dalai Lama schickte Karmapa Gesandte entgegen und verpflichtete die Bewohner von Lhasa dazu, sich um die Unterbringung des Gefolges und der Habe des Karmapa zu kümmern. Die Tibeter empfingen den geistigen Führer der Kagyü-Tradition mit großer Herzlichkeit und verhielten sich gegenüber den chinesischen Funktionären, die ihn begleiteten, völlig gleichgültig. Bereits 1954 hatte Karmapa den tibetischen Herrscher in Peking getroffen. Die zwei Religionsführer sprachen über die Massaker, den Hunger, die Zwangsumsiedlungen der Bevölkerung, die Zerstörung der Klöster und über die Dörfer, die von der Landkarte gelöscht waren… Tibet ging der Katastrophe entgegen – darüber waren sich beide klar geworden. Viele Gläubige befürchteten, dass der zehnte Panchen

Lama Partei für Peking ergriffen hatte: „In seinem Herzen ist kein Platz mehr für die Tibeter", hörte man häufig sagen. Glücklicherweise täuschten sich die Leute.

Der Dalai Lama hatte sein Studium im Kloster noch nicht beendet, und das Drama, das sein Volk durchlitt, zehrte furchtbar an ihm. Der tibetische Herrscher war kaum zwanzig Jahre alt, der Panchen Lama gerade einmal achtzehn und der Karmapa zweiunddreißig Jahre alt. Bevor sie auseinander gingen, überreichten sich der Dalai Lama und der Karmapa den traditionellen Zeremonienschal und versprachen, sich bald wiederzutreffen.

Als wir Tsurphu damals wieder erreicht hatten, forderten wir Karmapa auf, ins Exil zu gehen. Die hohen Würdenträger fürchteten um sein Leben.

„Der Augenblick ist noch nicht gekommen", antwortete er ihnen mit seinem berühmten Lächeln. „Falls ich eines Tages eine solche Entscheidung treffen muss, werde ich es ohne zu zögern tun, und euch darüber informieren."

Dieser Tag sollte leider kommen… Der Druck der Kommunisten auf die großen Führer des tibetischen Buddhismus war so stark geworden, dass es für Karmapa unerträglich wurde, in Tsurphu zu bleiben. Er bat seine Anhänger, sich nichts anmerken zu lassen: Die Chinesen sollten keinen Augenblick Verdacht schöpfen, dass sich im Kloster etwas zusammenbraute. Als der Dalai Lama Lhasa im März 1959 überraschend verließ – man hatte ihm mit einer Entführung gedroht –, entschied sich auch Karmapa, ins Exil zu gehen. Einige seiner Verwandten waren bereits nach Bhutan geflüchtet und warteten dort auf ihn. Die Karawane, die aus hundertsechzig Menschen – Mönchen und Laien – bestand, hatte wertvolle Statuen, Kultgegenstände, heilige Texte, *thankas** und alte religiöse Malereien im Gepäck.

Rangjung Rigpe Dorje sollte niemals mehr in diesem Leben nach Tsurphu zurückkehren.

Obwohl es äußerst gefährlich war, rastete die Karawane an verschiedenen heiligen Plätzen. Karmapa weissagte an diesen Orten und vollzog Rituale zum Schutz des Dharma in Tibet. Nachdem sie viele gefährliche Situationen überstanden hatten, erreichten die Flüchtenden schließlich wohlbehalten den Distrikt Bumthang. In den darauf folgenden Tagen wurde Karmapa von König Jigme Dorje Wangchuk von Bhutan und dessen Tante, Ihrer Königlichen Hoheit Tsultrim Palmo, empfangen. Nachdem der Hofstaat vollständig versammelt war, wurde in der Hauptstadt ein großes Fest gefeiert.

Der sechzehnte Karmapa verbrachte einige Zeit in Indien, wo er auch den Dalai Lama traf; dieser war von Nehru in Dharamsala[10], in den Ausläufern des Himalaya, untergebracht worden. Rangjung Rigpe Dorje verhandelte darüber, wo der Sitz des Hauptzweiges der Karma-Kagyü im Exil errichtet werden sollte. Nachdem die königliche Familie von Sikkim ebenfalls ihre Hilfe angeboten hatte, wählte er schließlich diese Gegend. Dort standen mehrere Standorte zur Auswahl, und Karmapa entschied sich für Rumtek: In einem seiner früheren Leben war dort ein Kloster der Karma-Kagyü gebaut worden.

Er erinnerte sich genau an diesen Ort, wo er bereits im Laufe seiner neunten Inkarnation gelebt hatte: Es hatte siebenmal gedonnert; er hatte sieben Berge gegenüber seiner zukünftigen Residenz gesehen; und der herrliche Fluss, der sich durch das Tal schlängelte, hatte ihn an die Form eines Horns erinnert…

Bevor er im östlichen Tibet unter dem Namen Wangchuk Dorje wiedergeboren wurde, träumte seine Mutter, dass sie in ein weißes Horn blies und die Leute von überall her angelaufen kamen. Und obwohl er sich noch im Bauch seiner Mutter befand, rezitierte Karmapa bereits Mantras.

Gleich nach der Geburt setzte sich das Kind mit gekreuzten

Beinen hin, legte eine Hand auf sein Gesicht, blickte kurz seinen Vater an und sagte zu ihm: „Ich bin der Karmapa!"

Und so blieb es drei Tage lang sitzen. Die Nachricht, dass ein außergewöhnlichesKind geboren worden war, das vermutlich die Reinkarnation des Karmapa war, verbreitete sich schnell. Als Wangchuks Vater, der lange mit den Dorfbewohnern diskutiert hatte, zurück nach Hause kam, sah er, dass sein Sohn erneut die Lotus-Stellung eingenommen hatte. Der Blick des Kindes verlor sich im tiefblauen Himmel, ein leuchtendes Licht stand um seinen Kopf. Im Brief seines Vorgängers war erwähnt gewesen, dass auf einem Felsen in der Nähe des Dorfes die Statue von Chenresig erscheinen sollte. Außerdem sollte sich dort ein Fluss zeigen, der sich donnernd von einer genau beschriebenen Stelle im Himalaya ins Tal stürzte. Damit konnte nur der Ort in Sikkim gemeint sein.

Die neunte Inkarnation, ein großer Wundertäter und ein glanzvoller Repräsentant der Linie der Karmapas, soll die Fähigkeit besessen haben, sich in die Lüfte zu erheben. Das zog die Aufmerksamkeit von König Gatong aus Bhutan auf sich, der bereits in jungen Jahren in die Magie eingeführt worden war. Auch der König von Sikkim lud ihn ein, doch Karmapa, dessen Gesundheit sich verschlechterte, reiste nicht selbst, sondern schickte einen hochrangigen Lama. Dieser gründete dort drei Klöster, darunter das Kloster Rumtek.

Leider kam es für unsere Gruppe nicht in Frage, nach Rumtek zu gehen. Urgyen Rinpoche war aus Tsurphu geflüchtet, dem Sitz der Übertragungslinie der Karma-Kagyü-Schule in Tibet – es wäre nur logisch gewesen, nach Rumtek zu flüchten, dem Sitz der Karmapas in Sikkim. Aber schon seit einiger Zeit hatte Shamar Rinpoche, der Neffe des sechzehnten Karmapa, dort Zwietracht gesät und für große Unruhe gesorgt. Die Sprengkraft seiner Äußerungen und der politische Gehalt seiner Polemik sowie seine Aufsehen erregenden Beschwerden vor der indischen Justiz hatten die Aufmerksamkeit der indischen Medien erregt und ein verzerrtes, unerfreuliches Bild der Hierarchie des tibetischen Buddhismus geschaffen. Shamar Rinpoche und einige seiner Anhänger hatten ein anderes Kind, Trinley Thaye Dorje, zum siebzehnten Karmapa auserwählt.

Was die Gerüchte betraf, die dort über den jungen Urgyen Trinley Dorje in Umlauf waren, so waren wir auf dem Laufenden. In der Gemeinschaft der Exiltibeter in Indien befürchteten einige, dass „unser" Karmapa vom kommunistischen China für eigene Zwecke benutzt wurde. Als seine Flucht bekannt wurde, glaubte man in Rumtek, dass sie von den lokalen Behörden ausgeheckt worden war. Man erzählte sich auch, dass Trinley Thaye Dorje, der andere Jugendliche, den ich niemals getroffen habe, die Finanzen der Karma-Kagyü-Linie im Exil manipulieren sollte. Angeblich bereiteten ihn die Anhänger des Sharmapa darauf vor. Dieses Gewirr von Gerüchten hatte die gesamte Karma-Kagyü-Linie in Misskredit gebracht.

Tsurphu zu verlassen, war uns nicht leicht gefallen. Aber sich in einer der unwirtlichsten Gegenden dieser Erde in ein solches Abenteuer zu stürzen und dabei sein Leben zu riskieren, war eine Pflicht, die uns durch das höchste Bodhisattva-Gelübde auferlegt war. Der Bodhisattva, ein „Held der Erleuchtung", verzichtet auf die Glückseligkeit des *nirvana**, um den unglücklichen Wesen dieser Welt beizustehen. Denn diese bewegen sich im Kreislauf von Tod und Wiedergeburt, der vom Leiden geprägt ist. Die Flucht des Karmapa war außerdem ein Symbol dafür, dass die Kommunisten unseren Glauben nicht brechen konnten.

Vor dem siebzehnten Karmapa hatten es bereits der Dalai Lama, der sechzehnte Karmapa und viele andere Tibeter vorgezogen,

56

die Pässe des Himalaya zu überqueren, anstatt die nicht mehr aufzuhaltende Einverleibung Tibets ins chinesische „Vaterland" zu ertragen. Vermutlich musste auch Urgyen Trinley Rinpoche die Ängste unterdrücken, die mit einer solchen Entscheidung notwendigerweise verbunden sind. Aber vergessen wir nicht die Worte des Buddha:

Der Sieg erzeugt Hass;
denn der Besiegte leidet Not.
Wer aber in Frieden und ohne Leidenschaft lebt,
ist glücklich.

Was in Rumtek vor sich ging, ist sehr bedauerlich. Was wird aus Urgyen Trinley Dorje und Trinley Thaye Dorje werden, die sicherlich beide sehr begabt sind? Ich kenne Urgyen Rinpoche, Trinley Thaye Dorje kenne ich nicht. Aber was immer auch die Zukunft bringen wird, so sind doch alle beide Träger des geistigen Erbes der Karma-Kagyü-Linie. Die Auseinandersetzungen, die in unserer Gemeinschaft hinsichtlich der Frage nach der authentischen Karmapa-Inkarnation jahrelang stattgefunden haben, gehören zu den Geheimnissen, die wohl niemals gelüftet werden.

Ich gestehe, dass mir das sehr zu schaffen macht und dass ich mir nichts sehnlicher wünsche, als dass die beiden Jungen sich eines Tages treffen werden. Bis dahin bleibt als Unterschied bestehen, dass Urgyen Rinpoche im Gegensatz zu Trinley Thaye Dorje vom Dalai Lama offiziell anerkannt wurde. Dieser hatte einen Traum, der eine erstaunliche Übereinstimmung mit dem Gedicht aufweist, das in dem Wahrsagungsbrief steht.

Unsere Gemeinschaft verfolgte mit Bestürzung eine Anzahl von Ereignissen, die China zum Vorteil gereichten und die den Bemühungen des Dalai Lama, die unterschiedlichen Strömungen zusammenzuführen, völlig zuwiderliefen.

Ein merkwürdiger Autounfall verschlimmerte die Atmosphäre des gegenseitigen Misstrauens und des latenten Konflikts, von der alle betroffen waren. Jamgön Kongtrul, einer der vier Regenten, sollte in geheimer Mission nach Tibet reisen. Im April 1992 kam er in Siliguri im westlichen Bengalen an, um einen BMW in Empfang zu nehmen, den ihm sein Bruder geschenkt hatte. Das Auto befand sich zur Inspektion in der Werkstatt. Am Tag nach seiner Ankunft in Siliguri bat Jamgön Kongtrul seinen Chauffeur, das Auto Probe zu fahren. Als sie mit hoher Geschwindigkeit eine einsam gelegene Straße entlang fuhren, verlor der Fahrer plötzlich die Kontrolle über den Wagen und prallte gegen einen Baum. Er und Jamgön Kongtrul waren auf der Stelle tot. Ein Zeuge behauptete später, dass ein Tier die Fahrbahn überquert habe; ein anderer Zeuge hatte eine enorme Explosion gehört. Was seltsam war: Noch im Umkreis von mehr als zehn Metern fand man Teile des Autos. Die Untersuchung des Falls wurde niemals abgeschlossen.

Nach dem Tod von Jamgön Kongtrul war offen, wer nun das Kloster Rumtek leiten würde. Auch die Verwaltung des riesigen Erbes, das der sechzehnte Karmapa der Linie der Karma-Kagyü hinterlassen hatte, musste neu geregelt werden. Shamar Rinpoche hatte es 1992 vorgezogen, in die Vereinigten Staaten zu reisen, statt an den Begräbnisfeierlichkeiten teilzunehmen. Tai Situ Rinpoche und Gyaltsab Rinpoche wachten seinerzeit darüber, dass die neunundvierzig Tage Trauer in Rumtek eingehalten wurden.

Während der langen Abwesenheit von Shamar Rinpoche wurden zwei Lamas ausgewählt, die sich in Tibet auf die Suche nach dem neuen Karmapa machen sollten. Sie stießen auf den damals sechsjährigen Urgyen, der bereits in ein Kloster in der Nähe seines Geburtsortes gebracht worden war. Die dort lebenden Mönche verehrten ihn als bewusste Reinkarnation, aber er war noch nicht als siebzehnter Karmapa anerkannt worden. Man sprach ihm jedoch Fähigkeiten zu, die an jene der großen Lehrmeister der Karma-Kagyü erinnerten. Kurz nach seiner Thronbesteigung hinterließ er in einem Felsen einen Abdruck seiner Hand.

Am Himmel wurde die Sonne von einem regenbogenfarbenen Lichtkreis umschlossen, der sich anschließend in Tausende von weißen Blüten auflöste.

Anmerkungen

[1] Das Gefängnis von Drapchi, das Hauptgefängnis in Lhasa, wird immer größer. Die Arbeitslager stellen für das kommunistische China unter Jiang Zemin einen eigenen Wirtschaftszweig dar.

[2] Seit 1959 feiern die Tibeter am 10. März den Aufstand des tibetischen Volkes.

[3] Die Übersetzung folgt dem französischen Original: Gilles van Grasdorff, *Paroles des dalai-lamas*, Paris (Marabout) 1997.

[4] Vor der Invasion 1949 war Tibet in mehrere Provinzen aufgeteilt: U-Tsang (Zentraltibet), Amdo (Nordost-Tibet), Kham (Südost-Tibet), Ngari (im Südwesten) und Changtang (im Norden).

[5] Es handelt sich um die Freiwillige Nationale Verteidigungsarmee; auf tibetisch: Tensung Danglang Maggar.

[6] Ethnie, die heute in China an der Macht ist.

[7] Das Thamzing ist eine öffentliche Foltermethode der Chinesen: Der oder die „Angeklagte" muss mehrere Stunden lang der Bevölkerung des jeweiligen Ortes, die zu diesem Zweck zusammengerufen wird, aufrecht gegenüber stehen. Familie, Kinder und Freunde werden gezwungen, an der Folter teilzunehmen. Im Verlaufe dieser „Selbstkritik"-Sitzungen wird der Angeklagte beleidigt, geschlagen, angespuckt und von seinen Angehörigen verleugnet. Häufig wünscht sich der so Verspottete und Erniedrigte schließlich einen schnellen Tod.

[8] Sie landeten in den Museen des „Vaterlandes" oder wurden in finanzstarken Orten wie Hongkong oder Singapur verkauft. Mit dem Erlös wurde u.a. die Zerstörung der tibetischen Kultur und des Buddhismus finanziert.

[9] Die Inbesitznahme Tibets erfolgte in drei Phasen: Zwischen 1949 und 1951 hatte China sich das Ziel gesetzt, das Land „zu befreien"; zwischen 1952 und 1954 herrschte eine Phase der Stabilisierung; die Phase der Konsolidierung begann 1955 mit der Gründung des „Komitees zur Vorbereitung der Autonomen Region Tibet".

[10] Im Bundesstaat Himachal Pradesh.

4

Glücklicher kleiner Bruder

Obwohl bislang alle Vorhersagen günstig für uns ausgefallen waren, war unser Plan vor allem durch die Umstände im Kloster Tsurphu gefährdet. Bald würden die Mönche den Tee für Karmapa servieren. Ich drückte uns die Daumen, dass uns die Sicherheitskräfte nicht gleich auf die Schliche kämen. Aber wir hatten die Zeit auf unserer Seite.

Lhasa hatten wir ohne Probleme passiert. Lange hatte ich Karmapa beobachtet. Keiner von uns zeigte wirklich Angst, aber die Ungewissheit, was das Schicksal in den nächsten Stunden und Tagen für uns bereit halten würde, machte uns allen zu schaffen. Nachdem wir in Richtung Shigatse abgebogen waren, hielten wir kurz an, und ein Fahrer löste den anderen ab. Draußen war es sehr kalt, aber die Heizung im Geländewagen funktionierte. Ich bot Karmapa ein Stück getrockneten Käse an – nicht viel größer als ein Stück Zucker und hart wie Stein –, das er langsam im Mund zergehen ließ. Sein Lächeln tröstete und beruhigte uns. Als wir rasteten, trank er einige Schlucke gesalzenen Tee.

Es war zwar nicht der richtige Zeitpunkt, um sich Erinnerungen hinzugeben, aber als ich Karmapa dabei zusah, wie er unser traditionelles Getränk regelrecht genoss, fiel mir eines seiner früheren Leben ein. Karma Pakshi, seine zweite Inkarnation, hielt sich damals in einer Stadt auf, in der es zahlreiche Tavernen gab. Dort verwandelte er alle alkoholischen Getränke in einen köstlichen Nektar, den er mit unverhohlenem Genuss in einem einzigen Zug austrank. Meine Lehrmeister hatten mir immer wieder von indischen Yogis erzählt, die einen ganzen See mit einem einzigen Schluck austrinken konnten.

Aber unser Karmapa besaß andere Fähigkeiten. In Tsurphu hatte ich seine Gedichte schätzen gelernt: Sie sind von Buddha inspiriert. Darüber hinaus hatte er sich seit seiner Ankunft im Kloster viel mit dem Gesetz von Ursache und Wirkung beschäftigt. „Möge das Leid, das dem Land des Schnees unaufhörlich zugefügt wird, doch bald beendet sein!"

Wir fühlen, wie uns diese Menschen, die weder Glaube noch Gesetz kennen, immer mehr die Luft zum Atmen nehmen. Seit seiner Inthronisierung im Jahr 1992 versuchten sie Karmapa zum spirituellen Vorzeigeobjekt für den Westen zu machen, natürlich vergeblich. Es ist der Versuch, sich vor den Augen der Welt vom Machtmissbrauch reinzuwaschen und sich ein gutes Ansehen zu verschaffen.

Wir fuhren mit hoher Geschwindigkeit und kamen ohne Zwischenfälle an Shigatse vorbei. Zwar begegneten uns mehrere Militärkonvois, aber alles verlief so wie geplant. Dann verließen wir die Hauptstraße, die über die von den Kommunisten erbaute „Brücke der Freundschaft" nach Nepal führte. Sie war sehr befahren und deshalb für uns zu gefährlich. Also bogen wir nach rechts ab und fuhren in westlicher Richtung nach Mustang weiter. Der Himmel war bewölkt, und es dämmerte bereits – in dieser Jahreszeit wird es schnell Nacht.

Drei Kilometer von der Stelle entfernt, an der wir uns jetzt befanden, sollte wieder ein Kontrollpunkt sein. Der Fahrer fuhr langsamer, ließ den Wagen noch einige hundert Meter ausrollen und blieb dann am Straßenrand stehen. Wir anderen stiegen aus.

„Seid vorsichtig! Es sind Patrouillen unterwegs. Benutzt vor allem nicht die Pfade, die an der Straße entlang führen. Wir warten am vereinbarten Treffpunkt auf euch. Mögen die Beschützer des Dharma euch zu Hilfe kommen, Rinpoche!"

Und schon fuhr der Mitsubishi davon.

Es war entsetzlich kalt. Man konnte keine Sterne am Himmel sehen, was unseren Marsch noch gefährlicher machte. Ich ging der
Gruppe voraus, und wir tauchten in das Dunkel ein. Die Sicht-
weite betrug zwei Meter. Kaum nahm ich das schwache Glänzen
eines felsigen Steilhangs wahr. Ein eigenartiges Gefühl beschlich
mich. Ich spürte Karmapas Atem hinter mir. Die drei anderen
folgten dicht dahinter. Während wir fast blind durch die Dunkelheit tappten, versuchte ich mich an das zu erinnern, was man uns
geraten hatte. Mich beschlich die Angst, dass wir vom richtigen
Weg abgekommen waren. Ich hatte mich zu stark von meinem
Gefühl leiten lassen und die Gruppe zu früh zur Straße hochge-
führt. Wir konnten Lichter erkennen: der Kontrollposten, dem wir
uns zu sehr genähert hatten. Befehle wurden gerufen. Ein Auto
näherte sich.

Jetzt galt es, sich nicht von der Angst überwältigen zu lassen
– und vor allem: so schnell wie möglich wieder zu verschwinden:
„Möge der Dharma unseren Geist beschützen!"

Wir mussten Vertrauen haben und durften nicht in Panik geraten. Geistige und körperliche Beweglichkeit war alles. Auch
wenn wir uns unter Karmapas Schutz befanden, wurde mir dort,
inmitten der Felsen, nur einige hundert Meter von den Militärs
entfernt, plötzlich bewusst, wie verletzlich wir waren. Dies war
die zweite Nacht seit unserer Flucht, und wir waren noch lange
nicht am Ende unseres schwierigen Weges angekommen. Ich
nahm mir vor, mich im Falle eines glücklichen Ausgangs zu einem langen Retreat zurückzuziehen. Im dunklen Kreis von Tod
und Wiedergeburt blieb immer Zeit für ein Gebet. Und schließlich fehlte es uns nicht an Mut! Hinter mir zählten Karmapa und
die anderen still die Perlen ihrer Malas. Ich machte es genauso.

In diesem Augenblick, in dem wir stark aufeinander angewie-
sen waren, fühlte ich auf einmal, wie unwichtig es mir eigentlich

war, wie ich selbst aus dieser Sache herauskommen würde. Ich wollte die anderen beschützen. Angesichts der Gefahr schweißte uns das gegenseitige Mitgefühl wie eine unauflösbare Kette zusammen. Der Gedanke an das Symbol der Kette bewegte mich. Unser innerer Friede hängt weitestgehend von unserer Erziehung ab, aber auch von unserem Bewusstseinszustand. Wir drei waren in der Zerbrechlichkeit unseres Daseins der unendlichen Weite unseres Landes ausgesetzt. Unser abenteuerlicher Weg barg aber auch Hoffnung in sich. Wir durften uns nicht gefangen nehmen lassen! Unter uns war ein Mensch, der sich von den anderen unterschied: Karmapa. Ich fröstelte bei dem Gedanken, welch schwere Verantwortung auf dem jungen Karmapa ruhte. Aber er konnte bereits das ganze Ausmaß der Aufgaben einschätzen, die auf ihn warteten. Und er stellte sich diesen Aufgaben.

Vier Stunden Marsch lagen noch vor uns, und wir stolperten voran. Schließlich waren wir weit genug vom Kontrollpunkt entfernt, um uns wieder zur Straße orientieren zu können. Es wurde immer kälter. Starker Wind kam auf. Er brachte pulvrigen Schnee mit. Ich war für dieses Unwetter dankbar: Auch wenn es unser Fortkommen erschwerte, machte es unsere Flucht sicherer. Wir waren am Ende unserer Kraft, aber wir gingen weiter, immer geradeaus zu dem Ort, den unsere Informanten festgelegt hatten. Bald zog das schwache Licht der Morgendämmerung auf und machte unsere Wanderung gefährlicher.

Endlich sahen wir die verlassene, kurvenreiche Straße vor uns liegen, aber kein Mitsubishi war in Sicht… Schon färbte sich der Horizont rot und die ersten Schatten wanderten über die Erde. Jeden Moment konnten wir von einer Patrouille oder von Tibetern, die im Dienst der Chinesen standen, überrascht werden. Karmapa blieb lange Zeit stehen und drehte in aller Ruhe seine Mala. Er fixierte einen bestimmten Punkt, den wir anderen – einfache menschliche Wesen – nicht ausmachen konnten. Seine Augen durchbohrten die felsige Weite.

Plötzlich tauchte in einer weit entfernten Kurve ein Auto auf, aber es kam aus der falschen Richtung. Es fuhr mit hoher Geschwindigkeit auf uns zu, verschwand aber in den Kurven immer wieder aus unserem Sichtfeld. Je näher es kam, desto vertrauter kam uns das Brummen des Motors vor. Es war der Mitsubishi, und die beiden Fahrer waren unversehrt! Als sie bei uns anhielten, seufzten wir vor Erleichterung und stiegen ein. Nachdem der Fahrer gewendet hatte, erklärte er uns, was passiert war: „Wir mussten uns dem Kontrollposten im Schritttempo und mit ausgeschalteten Scheinwerfern nähern. Die Kontrolle dauerte länger, als wir angenommen hatten. Dann fuhren wir weiter in der Hoffnung, euch am Straßenrand zu finden. Wir hatten schon Angst, dass sie euch gefangen genommen hätten. Und schließlich kam es uns so vor, als ob wir zu weit gefahren wären, und wir wendeten…"

„Ich wusste, wo wir euch finden würden", sagte Karmapa, „und ich habe mir auch keine Sorgen gemacht. Wir hätten einfach noch ein paar Stunden laufen müssen."

Ich fragte ihn: „Sind Sie müde, Rinpoche?"

„Nein", antwortete er, „aber diese Unternehmung hat mich an meine Kindheit erinnert."

Dharamsala 1992… Im privaten Wohnsitz des Dalai Lama herrscht die gewohnte Betriebsamkeit. Um genau siebzehn Uhr bittet er darum, heute in seinem Garten allein gelassen zu werden. Er liebt es, die Orchideen zu kultivieren und sich um die Rosenstöcke zu kümmern, die das Haus einfassen. Seit zwei Tagen pflegt er zwei wilde Papageien, die sich am Flügel verletzt haben. Er hat ihnen einen großen, vergitterten Käfig gebaut, um sie vor wilden, umherstreifenden Tieren, aber auch vor Adlern zu schützen, die am Himmel ihre Kreise ziehen. Der Dalai Lama kümmert sich viel um die Papageien und hat seinen Spaß dabei. Seine Mala benutzt er als Spielzeug. Immer wenn einer der Papageien sich daran festklammert und es nicht mehr loslassen will, können sich die Leibwächter über das kosmische Lachen des Dalai Lamas freuen; und wer weiß, vielleicht amüsieren sich die Papageien, die dieser Gefühlsausbruch nicht sonderlich erschreckt, ebenfalls darüber.

Als er in sein Haus zurückkehrt, um eine Tasse Tee zu trinken und ein amerikanisches Magazin zu lesen, fällt dem Dalai Lama der sechzehnte Karmapa mit seiner Leidenschaft für Vögel wieder ein. Tatsächlich war der ganze Stolz des Oberhauptes der Karma-Kagyü-Tradition eine riesige Volière.

In der Morgendämmerung des darauf folgenden Tages treten unerwartet Zeichen auf. Draußen flattern die Gebetsfahnen im Wind. Der Donner rollt über die Ausläufer des Himalaya – der Dalai Lama liebt dieses Geräusch. Auf der anderen Seite der Gebirgskette aber leidet sein Volk weiter unter der Unterdrückung durch die Chinesen. Er schließt die Augen und ruft die Gottheiten an, um sie um ihren Schutz zu bitten. Plötzlich legt sich das Unwetter, und ein doppelter Regenbogen erhebt sich von seinem Wohnsitz über Dharamsala bis zum Land des ewigen Schnees, seinem Geburtsland Tibet. Der Dalai Lama beginnt zu meditieren; ein weiches Lächeln erscheint auf seinen Lippen, und er hat eine Vision: grünes Weideland in den Bergen, auf beiden Seiten schöne Flüsse, die um die Felsen herumfließen und sich so ein Bett schaffen; an einer Stelle umspielt das Wasser einen Steinhaufen, den das Unwetter am Vorabend geschaffen hat; die Flüsse beschreiben endlose, weiche, immer wieder überraschende Kurven; aus dem Tal klingt ein ungewöhnlicher Ton, den der Wind mitgebracht hat, und in der Luft schwebt der Name Karmapas.

Am selben Tag fällt das Orakel von Nechung[1] in Trance und bestätigt die Vision des Dalai Lama. Nach tibetischer Tradition bezeichnet das Orakel den Geist, der von einer Person Besitz ergreift. Diese Person übernimmt dann die Rolle des Mediums zwischen den weltlichen und den geistigen Reichen. Dieses Mal gibt es keinen Zweifel: Der sechzehnte Karmapa ist in Tibet wiedergeboren worden. Jetzt muss man das Kind nur noch finden.

Loga und Dondrup leben als Nomaden im östlichen Tibet. Sie gehören einer Gruppe von etwa vierhundert Personen an, bestehend aus ungefähr siebzig Familien. Sie besitzen achtzig Yaks. Ihr Leben – wie das der meisten Tibeter – ist hart, denn sie müssen mit ihren Tieren dem Rhythmus der Jahreszeiten folgend über die Weiden wandern. Loga steht kurz vor der Geburt eines weiteren Kindes. Im Inneren des dunklen Zeltes aus Stoff und Yakfell hört sie, wie die riesigen Mastiff-Hunde draußen bellen und an ihren Ketten zerren, und wie die Frauen mit den Tieren schimpfen. Ihre Stimmen kommen von weit her. Die Männer sorgen dafür, dass sich der kleine Aufstand wieder legt; von Zeit zu Zeit hört sie das scharfe Pfeifen der Steine, die geworfen werden, um die Yaks zusammenzutreiben.

An diesem Morgen ist Dondrup im Zelt geblieben, denn er weiß, dass dieser Tag anders verlaufen wird als die übrigen. Ein Teil des Zeltes ist für den Altar reserviert: ein Ort des Heiligtums, an dem die Butterlampen leuchten und ständig Weihrauch vor dem Bild des Buddha verbrannt wird. Dondrup legt dort Opfergaben nieder, um die Götter um eine glückliche Geburt zu bitten. In der Mitte des Zeltes wird in einem Topf Wasser gekocht, um den gesalzenen Buttertee vorzubereiten. Der Rauch entweicht durch eine Öffnung oben im Zelt.

Dondrup und Loga können weder lesen noch schreiben. Das spielt keine große Rolle für sie, denn bei den Nomaden werden die Traditionen mündlich weitergegeben. Außerdem können die Mönche für sie lesen. Wenn diese aus dem benachbarten Kloster vorbei kommen, besuchen sie gerne eine Woche oder auch länger dieses Nomadenpaar, das sie sehr schätzen. Dann lesen sie ihnen aus den heiligen Texten vor und nehmen an den Ritualen und Mahlzeiten teil, die bei dieser Gelegenheit immer etwas reichlicher ausfallen. Dadurch lernen auch die Kinder, das Gesetz des Buddha zu achten. Wenn sie miterleben, dass ihre Eltern ihr *puja** durchführen, machen sie es ihnen nach. Wir Tibeter wachsen mit dem *Om Mani Padme Hum*[2] auf und wir sterben auch damit. In einem Leben rezitieren wir es bestimmt mehrere Millionen Male. Die Älteren erzählen, dass der Bodhisattva Chenresig – der Dalai Lama ist seine Emanation – so tief in unser Gedächtnis eingegraben ist, dass dieses Mantra zu den ersten Lauten gehört, die unsere Kinder stammeln. Es bringt übrigens das universelle Mitgefühl des Buddha mit den Lebewesen zum Audruck.

Loga, die die traditionelle *chuba** trägt – ein Kleid, das Männer und Frauen gleichermaßen tragen – bereitet gerade die Mahlzeit vor, als sie die ersten Wehen spürt. Da sie bereits mehrere Geburten erlebt hat, lässt sie sogleich den Dolch Dondrups und einige Stoffreste in die Tasche ihrer Chuba gleiten. Diese Tasche dient Männern wie Frauen als Aufbewahrungsort für die wichtigsten Dinge des Lebens.

„Ich glaube, dass der Moment gekommen ist", sagt sie zu Dondrup, der daraufhin mit noch größerer Inbrunst seine Mala zwischen den Fingern dreht.

Der Raum füllt sich mit dem bittenden Gemurmel des Ehemannes, der vor dem Altar kniet. Er wünscht sich so sehr einen zweiten Sohn. Aber es kommt anders: Loga legt sich auf eine Matte und bringt ein kleines Mädchen zur Welt, das vierte. Sie selbst durchtrennt die Nabelschnur mit dem Messer ihres Mannes.

Wie für gläubige Buddhisten üblich, haben Dondrup und Loga ihren ersten Sohn in das nächstgelegene Kloster gegeben, das zur Nyingma-pa-Schule gehört. Das Ehepaar liebt seine Kinder, aber es wünscht sich nichts sehnlicher als einen zweiten Sohn.

Während die Nomaden bei einem guten Schluck Gerstenbier

tanzen und singen, zieht sich Dondrup zurück, um vor dem Familienaltar zu meditieren. Männer und Frauen besprechen den Wunsch des Ehepaares jeweils unter sich. Einige Tage später ruft der Ältestenrat das Paar zu sich und gibt ihm folgenden Ratschlag:

„Geht nach Kampagar, wo euer ältester Sohn lebt. Sprecht dort mit Karma Norzang und sagt ihm, dass ihr euch einen zweiten Sohn wünscht."

Dondrup und Loga brechen sehr früh am Morgen auf. Sie müssen mehrere Tag lang laufen. Der Ruf des Yogi, zu dem sie unterwegs sind, ist über das östliche Tibet hinaus bekannt. Man erzählt sich, das er dem Milarepa gleiche.

Als sie das Kloster erreichen, erkennen sie ihn sofort. Der Mönch singt, genauso wie der Eremit Milarepa auf seinem Felsen gesungen hat:

Ich lebe im Dunkeln, aber dennoch ist es hell;
Diese Helligkeit ist das Licht selbst.
Ich lebe in der Kälte, aber dennoch ist mir warm;
Dieses Baumwollgewand ist die Wärme selbst.
Ich lebe nicht bequem, aber dennoch fühle ich mich gut.
Dieser trügerische Körper ist die Glückseligkeit selbst.
Ich habe alle Freuden hinter mir gelassen,
und dennoch fühle ich ein Glühen in mir;
Dieses Leben, das wie ein Traum ist, ist die Lebenskraft selbst.
Ich, der Yogi, bin ein Glückseliger.[3]

Als Karma Norzang sein Lied beendet hat, hört er dem Ehepaar aufmerksam zu. Anschließend meditiert er lange und sagt:

„Betet mehrere hunderttausend Mantras, bis du wieder schwanger bist. Gebt den Armen, den Bettlern und den Fischen in den Flüssen Almosen. Brecht so bald wie möglich nach Lhasa auf und verneigt euch dort tausendmal vor der Statue des Jowo[4] im Jokhang-Tempel[5].

Dondrup und Loga tun, was in ihren Kräften steht. Ihr Glaube ist das Korn, in dem ihr Wunsch aufgehen soll. Mehrere Monate vergehen. Das Ehepaar lädt Eremiten und Bettler zu sich ein und füttert jeden Tag die Fische. Sie wandern in die Hauptstadt, wobei sie unzählige Pässe überqueren müssen. Und trotz aller Erschöpfung werfen sich Dondrup und Loga viele Tage und Nächte hindurch vor der Statue nieder. Sie knien sich hin, lassen sich dann auf den Boden gleiten und richten sich wieder auf; von Mal zu Mal werden die Bewegungen ruckartiger… Auf diese Weise bewegt sich Dondrup vom Nomadenlager bis zum Jokhang-Tempel: Diese Reise dauerte mehrere Monate.

Aber die Wege des Karma sind undurchschaubar. Loga wird erneut schwanger und bringt ihr fünftes Mädchen zur Welt.

Danach verstreicht viel Zeit.

Eines Abends bittet Dondrup Loga, ihm doch endlich einen Sohn zu schenken.

„Ich will es so sehr", antwortet sie ihm. „Aber wir können uns nicht mehr an Karma Norzang wenden. Dein ältester Sohn hat dir berichtet, dass er gestorben ist."

„Im Lager reden sie viel von Amdo Palden, dem Abt des Klosters von Kalek. Er soll einer der größten Yogis sein. Die Reise wird noch länger und sicher auch noch gefährlicher werden. Frau, wenn du die Kraft dazu hast, begleite mich."

Dondrup und Loga brauchen drei Wochen, um zum Kloster der Karma-Kagyü zu gelangen, und sie müssen unterwegs einen schlimmen Sandsturm überstehen. Amdo Palden macht ihnen wenig Hoffnung, es sei denn… Das Ehepaar wartet mehrere Tage. Der Abt und die Mönche des Klosters bringen zahlreiche Opfer. Dondrup und Loga sind jedes Mal bei der Zeremonie dabei. Manchmal hilft Dondrup bei Ausbesserungsarbeiten am Kloster. Ihre Töchter sind im Nomadenlager geblieben und hüten die Herde. Darüber brauchen sich die Eltern keine Sorgen zu machen. Eines Tages, am frühen Nachmittag, bittet Amdo Palden das Ehepaar zum Tee:

„Loga, ein Sohn wird geboren werden. Aber für diese Geburt gibt es eine Bedingung: Du musst deinen Sohn in meine Obhut geben. Warum, kann ich dir nicht sagen, aber du wirst es bald erfahren."

Das Ehepaar kehrt zu seinem Nomadenlager zurück und nimmt sein Alltagsleben wieder auf. Im November 1984 hat Loga gute Nachrichten für ihren Mann: Sie erwartet wieder ein Kind.

„Ich bin sicher, dass es ein Junge wird!"

„Also haben uns die Götter endlich erhört", sagt Dondrup schlicht.

Diese Schwangerschaft verläuft ganz anders als die vorherigen. Wie kann es anders sein? Der zukünftige Vater ist sich zwar einigermaßen sicher, dass sein nächstes Kind ein Sohn wird, aber es kündigen sich Dinge an, die seine Vorstellungskraft weit überschreiten: ein neuer Zeitabschnitt der helfenden Kraft der Bodhisattvas beginnt.

„Meine Übertragungslinie ist verrückt, verrückt nach Hingabe und Wahrheit, sie ist verrückt nach dem Dharma", hat Milarepa gesagt. In den folgenden Monaten hat Loga viele Träume, manche von ihnen sind sehr detailliert und erschrecken sie sehr. Sie erzählt ihrem Mann davon, der ihr aufmerksam zuhört.

„Heute Nacht sind drei graue Kraniche zu mir gekommen, sie kamen von sehr weit und haben mir eine Schale mit Joghurt angeboten. Gerade als ich trinken wollte, erschien über der Flüssigkeit ein goldener Brief, er hat so hell geleuchtet wie ein Stern: Das ist das Zeichen, dass ein Sohn geboren werden wird."

„Haben die Kraniche zu dir gesprochen?" fragt Dondrup.

„Ja, ihre Worte waren so klar wie das Wasser unserer Flüsse. Sie sagten: Guru Rinpoche – Padmasambhava – hat uns zu dir geschickt, damit wir dir und Dondrup erklären, dass ihr den Inhalt dieses Briefes geheim halten müsst. Es geht um eine Wiedergeburt."

Ein anderes Mal sieht Loga im Traum einen riesigen Regenbogen, der aus ihrem Herzen entspringt. In der Nacht vor der Geburt, also gegen Ende Juni 1985, sieht Dondrup beim Blick aus dem Zelt mehrere Regenbögen am hellen Tag. Die Sonne ist von den Bergen verdeckt.

Noch vor der Morgendämmerung wird der Sohn von Dondrup und Loga geboren. Unsere Mediziner sagen, dass der Säugling im Moment der Geburt einen seelischen Schock erleidet: „Er fühlt sich so, als würde ihm die Haut abgezogen oder als würde er von Wespen gestochen; und wenn man ihn badet, dann empfindet er den Kontakt mit dem Wasser so, als würde er geschlagen."[6] Bei diesem Kind ist das nicht der Fall.

Wie in tibetischen Familien üblich, nimmt Loga am dritten Tag nach der Geburt[7] an einer Reinigungszeremonie teil; die Frau soll dabei von den Verunreinigungen der Geburt befreit werden. Während der Zeremonie darf kein Besucher eintreten: Es werden rituelle Handlungen vorgenommen; der Weihrauch spielt eine wichtige Rolle. Anschließend, nachdem sie ihre Haare gewaschen und ihre schönste Chuba angezogen hat, empfängt Loga ihre Freunde: Alle Nomaden ihres Stammes sind da, um ihr die Ehre zu erweisen. Wie lang die Warteschlange ist! Während sie die Gebetsmühlen drehen und pausenlos die Perlen ihrer Malas abzählen, reden die Leute vor allem über die eigenartigen Ereignisse, die die Ankunft dieses kleinen Jungen begleiteten. Im Zelt von Loga häufen sich unterdessen die Geschenke und Opfergaben.

Als am Tag nach der Geburt die strahlende Sonne das Zelt erwärmt, lässt sich ein Kuckuck auf der Spitze des Zeltes nieder und stößt aus voller Kehle seinen Ruf aus. Zwei Tage später hören die Nomaden den wunderbaren Klang eines Muschelhorns. Sie versammeln sich in der Mitte des Lagers, denn sie sind davon überzeugt, dass sich in Kürze ein Zug von Mönchen nähern wird, die einen Rinpoche begleiten. Wie es sich gehört, legen sie für den Empfang Begrüßungsschals und Speiseopfer bereit; außerdem halten sie ihre zusammengebundenen, noch rauchenden Weihrauchsträuße in den Händen. Zwei Stunden vergehen, aber niemand kommt. Wieder erfüllt der Klang von Muschelhörnern das Tal, aber niemand kann ausmachen, aus welcher Richtung der Ton kommt. Die Nomaden gehen zurück in ihre Zelte und fragen sich, ob sie vielleicht ein bisschen zu viel Chang getrunken haben, denn manchmal singen und tanzen sie gerne bis zum Sonnenuntergang... Dann genehmigen sie sich noch einen guten Schluck, um ihre anscheinend allzu blühende Phantasie zu beruhigen.

Eine Woche später ist frühmorgens das ganze Tal mit einem bunten, wunderschönen Blütenteppich bedeckt. Überall sind Blumen! Und so viele! Die Mädchen flechten sich die Blüten in die Haare, am nächsten Tag machen sie es ebenso. Noch nie haben sie etwas Vergleichbares gesehen, auch die Ältesten können sich nicht erinnern, etwas Derartiges jemals erlebt zu haben; sie sind verwirrt. Im Laufe des Vormittags färbt sich der Himmel tiefblau. In der Ferne grollt es, aber es ist kein Gewitter. Die Yaks grasen friedlich weiter, sie fressen jetzt Blumen statt der zarten Gräser, die sonst auf ihren Weiden wachsen. Auf einmal wird es gleißend hell: Über den Köpfen der Menschen stehen drei Sonnen. Die mittlere Sonne wird von einem Regenbogen umkränzt und erscheint riesengroß.

In ganz Osttibet konnte man dieses Phänomen beobachten. Es war das Zeichen für die Reinkarnation eines sehr hohen Lama.

Auch in Tsurphu sahen wir es. Vor der Himmelserscheinung war das Wasser noch friedlich den Fluss hinabgeflossen. Wenig später – ich saß noch am Ufer – begann es zu brodeln und formte sich zu Wellen, die genauso weiß waren wie die Milch der Dri, der Yak-Kühe. Ich war nicht der einzige, der eine solche Vision hatte.

Die Nachricht verbreitete sich wie ein Lauffeuer: Die Ankunft Karmapas musste vorbereitet werden! Sofort machten wir uns an die Arbeit. Da uns die chinesischen Behörden erlaubt hatten, das

Kloster zumindest teilweise wieder aufzubauen, strömten von überall her Pilger herbei, die uns bei den Arbeiten helfen wollten.

Das Kind wuchs heran und jeder betrachtete es mit Wohlwollen. Die Nomaden wussten, dass es anders war als die anderen. Zweifellos handelte es sich um eine hohe Inkarnation. Es lächelte immer, was als Zeichen für sein gutes Befinden gedeutet wurde. Loga stillte es, so wie sie es mit allen ihren Kindern getan hatte. Sie hatte Milch im Überfluss und konnte das Kind an die Brust legen, bis es über zwei Jahre alt war.

Der kleine Junge hatte keinen Namen, was vor allem Dondrup bekümmerte. Er sagte zu Loga:

„Frau, wir müssen deshalb unbedingt nach Kalek."

Obwohl sie sehr erschöpft war, willigte Loga ein. Es war bereits spät am Vormittag, als sie aufbrachen. Für die Mönche nahmen sie getrocknete Fleischstreifen vom Yak mit und für Amden Paldo hatten sie Opfergaben vorbereitet, die sie ihm vor Ort übergeben wollten.

Der Abt wusste, dass sie kommen würden, denn er hatte ihr Kommen im Laufe einer Meditationssitzung vorausgesehen. Er empfing sie sehr herzlich, offenbarte aber auch gleich, dass er nicht in der Lage war, ihrem Sohn einen Namen zu geben.

„Das kann nur der große Tai Situ Rinpoche von der Linie der Karma-Kagyü. Ihr müsst warten, bis der richtige Moment gekommen ist."

Nach der Rückkehr ins Nomadenlager informierte Dondrup den Ältestenrat über das, was ihm Amdo Palden mitgeteilt hatte.

Was sollten sie jetzt tun?

Am nächsten Morgen berichtete eine der Töchter des Ehepaares ihren Eltern: „Als das Baby geboren wurde, hatte ich einen Traum: Eine Elster, die lange Zeit mit mir plauderte, forderte mich dazu auf, es Apo Gaga zu nennen, ‚glücklicher kleiner Bruder'".

Anmerkungen

[1] Die Tibeter nennen es *Kuten-la*, was wörtlich bedeutet „physischer Träger". Gerne wird erzählt, dass der Geist von Nechung zum ersten Mal 1544 vom Körper eines menschlichen Wesens Besitz ergriffen hat. Drag-Trang-gowa Lobsang Palden war der erste *Nechung Kuten.*

[2] Es handelt sich um das Mantra des Bodhisattva des Mitgefühls. Der Lehre entsprechend führen die Silben zur Reinigung der sechs Empfindungen – Hochmut, Neid, Begehren, Unwissenheit, Gier und Wut – die auch den Ursprung der sechs Leidensbereiche des *samsara** bilden.

[3] Die Übersetzung folgt dem französischen Text von Marie-José Lamothe, a.a.O.

[4] Diese Statue des Buddha Shakyamuni steht im Zentrum des Jokhang. Sie wird von den Tibetern sehr verehrt.

[5] Der Haupttempel in der tibetischen Hauptstadt; für die tibetischen Buddhisten ist der im VII. Jahrhundert gegründete Tempel ein wichtiges Heiligtum.

[6] Nach Tenzin Choedrak, *Der Palast des Regenbogens,* Frankfurt (Insel) 1999.

[7] In einigen Regionen Tibets beginnt die Reinigungszeremonie nach der Geburt eines Mädchens erst am vierten Tag.

5

Ein Frühling voller Licht

Die Straße war kurvenreich. Wir mussten einen knapp viertausend Meter hohen Pass überqueren, bevor wir auf der anderen Seite in ein Tal hinunterfuhren, durch das der Wind nur so fegte. Als wir den Kamm überschritten hatten, vollzog Karmapa eine symbolische Geste: Er drückte seine Mala fest gegen seine Stirn. Seine Augen waren feucht – ungewöhnlich bei ihm.

„Jetzt wissen sie es!" sagte er mit tonloser Stimme.

Es herrschte Schweigen. Wieder einmal hatte Karmapa richtig „gesehen". Wir würden sehr viel später erfahren, dass der Sicherheitsdienst in Tsurphu ungefähr zu dieser Stunde seine Flucht entdeckt hatte und das Kloster von der Polizei durchsuchen ließ. Augenblicklich verweigerten die örtlichen Behörden Pilgern und Touristen den Zutritt. Bis an die Zähne bewaffnete Soldaten suchten die Gegend ab. Für die Flucht des Jungen machte man die chinesischen Wächter und einige Mönche verantwortlich; zwei wurden sofort eingesperrt. Ihnen drohten mehrere Jahre Zwangsarbeit in den Lagern bei Lhasa oder in Kham oder auch in den Arbeitslagern im kommunistischen China. Es kam nicht darauf an, in welches Lager sie gebracht würden, denn schon viele Jahre lang wurde unser gesamtes Land in ein einziges riesiges Konzentrationslager umgewandelt.

Wir hatten kaum zwei Tage Vorsprung vor unseren möglichen Verfolgern. Von jetzt an spielte die Zeit gegen uns.

Bevor die Dämmerung einsetzte, erreichten wir ein Dorf, das aus ungefähr zwanzig Häusern bestand. Die Fahrer waren zu erschöpft, um weiterzufahren. Also beschlossen wir, die Nacht dort zu verbringen. Ein Unwetter zog auf und wurde immer stärker.

Die im Wind flatternden Gebetsfahnen zerrissen beinahe. Aber unsere Bleibe war gastfreundlich; sie erinnerte mich an das Zuhause meiner Eltern. Die Grundmauern bestanden aus Lehmziegeln, die in Holzformen gebrannt wurden. Alle Dächer waren mit Rundhölzern gedeckt. In die Zwischenräume stopften die Dorfbewohner Zweige, die sie anschließend mit einer Mischung aus Öl und Erde bestrichen; diese hatten sie vorher lange zu Brei gestampft. Dank dieser Bauweise war das Haus gut isoliert.

Eine dicke Decke hing vor der Eingangstür und schlug leicht gegen die hölzernen Türangeln, die das Familienoberhaupt mit Lederriemen zusammengebunden hatte. Auf der einen Seite des Raums stand der Altar, auf der anderen Seite befand sich der Hauptraum mit der Feuerstelle; darunter lag der Stall, in dem während der Winterperiode etwa zwanzig Schafe und zehn Yaks untergebracht waren. Im Hundezwinger lief ein Mastiff unruhig hin und her. An einem riesigen Balken hing ein Wasserbehälter. Insgesamt war der Raum – den Altarbereich nicht mitgerechnet – groß genug für etwa zwanzig Personen.

In einer Ecke hatte die Familie Holz aufgeschichtet, außerdem getrocknete Yakfladen, Wacholderbündel und Stroh für die Herstellung von Tsampa, dem gerösteten Gerstenmehl. Der Boden war aus gestampfter Erde. Die Küchenutensilien aus Kupfer und Messing wurden an dem Balken aufgehängt, an dem auch der Wasserbehälter hing; die meisten Töpfe waren aus Ton, einige auch aus Holz: darin hielt sich die Milch besser.

Karmapa ging sofort zum Altar. Wir beteten gut zwei Stunden, zusammen mit unseren Gastgebern. Unsere Identität konnten wir nicht preisgeben, aber die Familie hatte sehr wohl bemerkt, dass es sich bei ihrem Gast um einen Jugendlichen handelte, der ganz anders war als die anderen. Es reichte schon, wenn man seinem durchdringen Blick begegnete. Nach dem Gebet tranken wir eine Schale mit Suppe, die die Großmutter zubereitet hatte, und ein Glas Milch; dann legten wir uns dicht nebeneinander zum Schlafen auf den Boden. Das Familienoberhaupt ruhte direkt neben dem Feuer und ließ es die ganze Nacht nicht ausgehen.

Ich konnte nur schlecht einschlafen, und ich war nicht der Einzige. Unsere Gedanken wanderten nach Tsurphu, wo der Druck unerträglich geworden sein musste. Mir fiel wieder ein, was uns Karmapa aus einem seiner früheren Leben erzählt hatte: Ein Kaiser hatte sich ihm gegenüber ähnlich grausam verhalten wie unsere heutigen Folterer uns gegenüber.

Es war während seiner zweiten Inkarnation gewesen, im XIII. Jahrhundert. Der Ruf von Karma Pakshi, der aus einer alten, königlichen Familie aus Tibet stammte, war weit über die Grenzen Tibets hinaus gedrungen. Bei einer Reise nach China und in die Mongolei schlug Karmapa eine Einladung des Mongolenführers Kublai Khan[1] aus. Er wurde gefangen genommen und in die Kerker des Kaisers[2] geworfen. Aber dieser hatte nicht bedacht, dass Karmapa kein gewöhnlicher Mensch war.

Die Folterknechte banden Karmapa die Hände auf dem Rücken zusammen; sie wollten möglichst schnell mit ihm fertig werden. Doch in dem Moment, wo sie ihre Dolche zückten, um ihn zu erstechen, standen sie auf einmal wie festgewurzelt, ja wie gelähmt da: ihre Waffen zersplitterten. Dieses ungewöhnliche Ereignis wurde dem Kaiser mitgeteilt, der die Soldaten, die er mit dem schmutzigen Geschäft beauftragt hatte, sofort hinrichten ließ. Er wählte sechzehn Mörder aus, die als die gefährlichsten und grausamsten im ganzen Reich galten.

„Wenn es euch nicht gelingt, den Körper dieses Mönches, der ein Idiot ist, zu zerstückeln, bringe ich euch eigenhändig um!" drohte er.

Die Mörder, die sehr wohl wussten, dass sie mit ihren Waffen nichts erreichen konnten, kamen, um Karma Pakshi zu holen, der angekettet in einem feuchten und eisigen Verlies kauerte.

„Wenn dir unsere Dolche nichts anhaben können, stirbst du im Feuer!"

Ein riesiger Scheiterhaufen aus Sandelholz wurde errichtet. Sieben Tage lang ließen die Mörder Karmapa im Feuer schmoren. Vergeblich. Karma Pakshi lebte immer noch. Dieser Mönch hatte äußerst sonderbare Fähigkeiten! Die Henker waren sprachlos. Die Flammen schlugen über Karma Pakshis Kopf zusammen, und er stand da, mit geschlossenen Augen und in einer Haltung, die ihnen völlig unbekannt war. Tatsächlich meditierte der Mönch: Sein Körper war zu Wasser geworden; aber die Hitze, die von dem Scheiterhaufen ausging, brachte das Wasser nun zum Kochen. Was tun? Er dachte schon daran, seinen Körper zu verlassen, als ihm sein Bruder im Dharma[3] erschien:

„Karma Pakshi, denk ein bisschen nach! Als du über das Wasser meditiert hast, hättest du dir denken können, dass es kochen wird. Jetzt meditiere über das Feuer und werde Feuer. Du weißt, dass das Feuer dem Feuer nichts anhaben kann."

Beim nächsten Versuch waren die Mörder fest entschlossen, die Sache zu einem Ende zu bringen. Sie schleppten Karmapa an einen reißenden Fluss.

„Du glaubst doch nicht, dass du hier jemals lebend heraus kommst!" grölte der Anführer der Gruppe.

Karma Pakshi lächelte; seine Augen leuchteten wie Sonnenstrahlen. Sie beschwerten ihn mit großen Steinen und stießen ihn in das tosende Wasser.

„Leb wohl, Mönch! Jetzt kannst du die Fische füttern!"

Karma Pakshi tauchte in das tiefe Wasser des großen Flusses ein – und atmete normal weiter. Als die Fische bemerkten, in welcher schlimmen Lage sich Karmapa befand, kamen sie ihm sofort zu Hilfe: Die kleinsten gaben ihm Wurzeln zu essen, die sie vorher sorgsam verlesen hatten, und die großen huldigten ihm, indem sie mehrere hundertmal um ihn herumschwammen. Karmapa befreite sich von den Steinen und unterrichtete die Fische in den Lehren des Dharma.

Aber er war seine Folterknechte noch nicht los, denn sie holten ihn wieder zu sich und ließen ihn eine ganze Schale voll Gift trinken: Kein Mensch konnte das überleben. Karma Pakshi aber genoss den köstlichen Nektar, dessen angenehme Auswirkungen er sofort spürte. Bestimmt kannten seine Folterknechte nicht das tibetische Sprichwort: „Je mehr Gift der Pfau trinkt, desto schöner wird er, desto heller leuchten seine Federn." Karmapa hatte ein solch strahlendes Aussehen, dass seine Mörder vor Wut schäumten.

„Dieses Mal kommst du nicht davon!"

Sie führten ihn auf einen hohen Felsen und stürzten ihn hinunter. Karma Pakshi flog durch die Lüfte. Er fühlte sich wunderbar. Der Wind trug ihn fort und alle Vögel, auch die Raubvögel, grüßten ihn. Gemeinsam sangen sie ein Lied von Milarepa:

Wer sich von der Erzählung meines Lebens leiten lassen will,
Wer sie hört und hinterfragt,
Wer sie liest und ihr Ehre erweist,
Wer ihre Tradition aufrecht erhält,
wird mich in einer Welt voller Freude wiedersehen! [4]

Die Mörder baten um Audienz beim Kaiser und erzählten ihm bis ins kleinste Detail, was vorgefallen war: „Keiner schafft es, diesen verfluchten Mönch zu töten! Was sollen wir jetzt mit ihm machen?"

„Bringt ihn auf eine einsame Insel", befahl der Kaiser, „und damit Schluss!"

Karma Pakshi verbrachte drei lange Jahre auf einem einsamen Stück Erde in der Weite des Ozeans. Wieder griffen die Beschützer des Dharma in das Geschehen ein: Im Reich des Kublai Khan entfesselten sie Orkane, ließen die Erde beben und entfachten in den Städten verheerende Brände. Die Ernte verdarb und die Bevölkerung starb an Hunger und unbekannten Krankheiten.

In regelmäßigen Abständen schickte der Kaiser Spione aus, die nachsehen sollten, ob der Gefangene in der Hitze verdurstet war. Aber die Wassergötter, die *naga**, kamen regelmäßig und ließen es über dem Stückchen sonnenverbrannter Erde regnen. Nach und nach wurde die Insel grün: Blumen und Bäume wuchsen; von ihren Früchten konnte sich Karmapa gut ernähren. Er teilte die Früchte mit den Vögeln, den Fischen und allen anderen Tieren. Auch die Buddhas erwiesen ihm die Ehre. Sie lobten ihn dafür, dass er den schrecklichen Foltern, die ihm der mongolische Kaiser auferlegt hatte, so ausdauernd widerstanden hatte. Sie priesen ihn, weil er sich dennoch sein unendliches Mitgefühl bewahrt hatte; und sie weissagten, dass er noch viele selbstlose und heldenhafte Taten vollbringen würde. Sein Leben würde wie ein langer Rosenkranz sein.

„Jetzt besteht deine Aufgabe darin, Kublai Khan von allen Dämonen und allem negativen Karma zu befreien, das ihn schon viel zu lange in Besitz hält."

Kublai Khan, der unbedingt erfahren wollte, was mit dem Verbannten geschehen war, fuhr schließlich selbst auf die Insel. Mitten im Ozean entdeckte er ein Stück fruchtbares Land. „Vielleicht hatten die Soldaten Recht!" sagte er sich, war aber noch nicht ganz überzeugt. Er nahm Karma Pakshi mit zurück in seinen Palast, sperrte ihn in einen Tempel ein, sicherte alle Öffnungen und verschloss die Türen mit einem Vorhängeschloss. Bewaffnete Aufseher hielten Wache, und der Kaiser kam selbst mehrere Male am Tag, um diesen Mönch, dem Folter und Verbannung nichts anhaben konnten, zu beobachten. Jedes Mal sah Kublai Khan ihn in der Lotus-Stellung meditieren. Je länger der Mönch im Gefängnis war, desto besser schien es ihm zu gehen, desto glücklicher sah er aus. Kublai Khan wusste nicht, dass die Dakini den Eingeschlossenen mit köstlichen Nektaren ernährten und dass sich die

Beschützer des Dharma regelmäßig um seinen Gesundheitszustand kümmerten.

Schließlich hielt es der Kaiser nicht mehr aus und ließ Karma Pakshi frei. Jetzt plötzlich wurde der Mongolenführer von Gewissensbissen gequält, und er bat den Mönch um Verzeihung für die Grausamkeiten, die er ihm angetan hatte. Außerdem sollte Karma Pakshi sein geistiger Führer werden. Dieser nahm das Angebot an und erklärte:

„Jetzt, wo Ihr von allem negativen Karma befreit seid, erfüllt Eure Aufgabe. Nehmt Zuflucht zu den Drei Juwelen[5] und verbreitet euren Glauben, wo immer Ihr könnt.

Am Tag seiner Abreise nach Tsurphu, wo ihn die Gläubigen erwarteten, erinnerte Karma Pakshi Kubilai an die Worte des Buddha:

„Hass wird nicht durch Hass beendet; es ist das Wohlwollen, das die Versöhnung schafft: Dies ist das unveränderliche Gesetz.“[6]

Der Kaiser und der zweite Karmapa versöhnten sich im Jahre 1283.

***

Unsere Lehrer haben uns davor gewarnt zu hassen, denn Hass – eines der fünf Geistesgifte, die unsere grundlegende Unwissenheit ausmachen – ist eine störende Emotion, die schlimme Folgen hat: Sie öffnet den Weg zu Höllenzuständen.

Wohin auch immer wir mit Karmapa gehen und leben werden – wir müssen uns für das Glück aller Lebewesen einsetzen.

Ich gestehe, dass das für mich nicht immer selbstverständlich war. Manchmal hatte ich große Schwierigkeiten, meinen Zorn gegenüber den chinesischen Kommunisten im Zaum zu halten und nicht unüberlegt zu handeln. Wenn er sah, dass ich Gefahr lief, zornig zu werden, rezitierte mir Lama Tsering, mein Tutor, gerne

das Lied des siebten Dalai Lama, das ich seitdem in meinem Gedächtnis bewahrt habe:

Lehrer sein ohne Vorlieben und Abneigungen;
Ausdruck dieser sanftmütigen Liebe sein,
Die alles und jeden mit Gefallen anschaut:
Das Mitleid vertiefen in der Hoffnung,
Eines Tages alle Lebewesen befreit zu sehen
Aus ihren schlechten Bedingungen;
Diese schwierige Haltung weiterentwickeln,
Bereit sein, die Bürde zu tragen
Und das Unglück der ganzen Welt auf sich zu nehmen ...[7]

Dieses tiefe Mitgefühl hatte Karmapa in die Wiege gelegt bekommen. Zweifellos musste er immer wieder an seine Familie, an
seine Eltern denken, die in Lhasa zurückgeblieben waren. Auch
seine Schwester, die bereits zu einem früheren Zeitpunkt Tibet
verlassen hatte, hatte außergewöhnlichen Mut bewiesen. Sie stand
in keiner Weise den Nonnen und weltlichen Tibeterinnen nach,
die in den Widerstand gegangen waren. Nach nun schon fünfzig
Jahren chinesischer Besatzung wehren sich diese Frauen immer
noch gegen ihre Unterdrücker; und das trotz der Foltern, der
Zwangsabtreibungen und -sterilisationen, der Vergewaltigungen
und der gewaltsamen Verschleppung in die Arbeitslager.

Als er aus Tsurphu floh, war sich Karmapa bewusst gewesen,
dass seiner Familie Gefahr drohte. Möglicherweise würde sie Re-
pressalien der Chinesen ausgesetzt sein. Aber der Jugendliche, den
wir begleiteten, ist ein außergewöhnlicher Mensch und wird niemals
das Gefühl der Verbitterung in sich die Oberhand gewinnen lassen.

Es war noch dunkel, als wir unsere Flucht nach Mustang fort-
setzten. Bevor wir das Haus verließen, schenkten uns unsere
Gastgeber noch eine Khata.

„Mögen euch die Gottheiten beschützen!" verabschiedete uns das Familienoberhaupt.

Unser Fortkommen erwies sich als viel schwieriger, als wir angenommen hatten. Wir mussten auf halber Passhöhe einem weiteren Kontrollposten ausweichen; und zweifellos handelte es sich hier um einen der gefährlichsten, denn die Chinesen konnten uns schon von weitem entdecken. So stiegen wir bereits vor dem Anstieg aus dem Mitsubishi aus, weil wir unseren Weg abseits der Passstraße suchen mussten. Wir befanden uns in etwa 3200 Meter Höhe, mussten aber hinauf bis auf über 4000 Meter, um auf die andere Seite der Passhöhe zu gelangen.

Glücklicherweise hatte es nur wenig geschneit, und wir konnten uns ganz auf den Anstieg konzentrieren. Lange folgten wir einem Pfad am Ufer eines Baches, der uns vielleicht an die Quelle des Wasserlaufs führen würde. Aber wir waren uns nicht sicher, ob wir auf dem richtigen Weg waren.

Von der Straße her konnte man uns nicht sehen, ein Steilhang verdeckte uns. Weiter oben verwandelte sich der friedliche Wasserlauf in einen reißenden Gebirgsbach – wir mussten ihn aber in jedem Falle überqueren. An einer Stelle glitt unser Führer aus und fiel hin, dabei verletzte er sich an den Händen und Knien. Karmapa half ihm hoch und drückte für einige Minuten seine Stirn an die Stirn des Mannes. Dieser taumelte ein bisschen, machte einige Schritte und fiel dann erneut hin. Ich wollte seinen Rucksack nehmen, aber er lehnte ab. Ich sah, dass er sich weh getan hatte. Plötzlich – wie von einer fremden Macht aufgerichtet – stand er auf und lief weiter.

Es war geplant, dass unsere Fahrer in der Zeit, in der wir unseren Weg über den Pass suchten, Mitglieder des tibetischen Widerstandes treffen sollten: Khampas, ehemalige Mitglieder der freiwilligen nationalen Verteidigungsarmee[1], die im Jahre 1957 in den Canyons von Colorado ein spezielles Training erhalten hatten.

Vielleicht würden sie lange auf uns warten müssen, aber die Männer wussten Bescheid. Wir hofften nur, dass uns die Buddhas beistehen würden. Und wir begannen daran zu zweifeln, als wir über uns ein tiefes Grollen hörten, dem ein erschreckend lautes Krachen folgte. Plötzlich kam Wind auf und wir mussten langsamer gehen. Blitze zuckten am Himmel, die Wolken hüllten den Berg ein und nahmen uns die Sicht. Der Tag neigte sich dem Ende entgegen.

Da wir auf schnellstem Weg nach oben gelangen wollten, gaben wir es auf, dem Wasserlauf zu folgen. Plötzlich erhob sich vor uns eine regelrechte Mauer aus Nebel. Wir steckten mitten im Unwetter. Es war unmöglich, weiter zu gehen. Unser Führer entdeckte eine Höhle, in der wir rasch Schutz suchten.

Gerade wollten wir unsere Rucksäcke ablegen, als Karmapa rief: „Bewegt euch nicht! Ein Schneeleopard!"

Das wilde Tier hatte sich ebenfalls vor dem Unwetter in die Höhle geflüchtet. Wir drückten uns gegen die Wand. Karmapa stand mitten in der Höhle, dem Tier genau gegenüber. Er fixierte es mit seinem Blick und drehte seine Mala. Der Leopard zögerte kurz und verschwand dann plötzlich.

„Wir warten das Ende des Unwetters in dieser Höhle ab!" bestimmte Karmapa. „Die Gefahr ist gebannt."

Wir entzündeten ein Feuer mit den Wacholderzweigen, die wir in unseren Rucksäcken mitgebracht hatten. Wir brauchten dringend etwas Licht, um unsere Wunden und Schrammen versorgen zu können. Nachdem wir ein wenig Tsampa gegessen hatten, riefen wir die Gottheiten an.

Das Bild, wie der Karmapa Auge in Auge mit dem Leoparden stand, würde ich so schnell nicht wieder vergessen. Dass er sich so mutig verhalten hatte, hatte mich nicht erstaunt. Schon in seiner Kindheit war er mutig gewesen; außerdem gab sein Verhalten einen Vorgeschmack darauf, wie hell sein Stern in Zukunft leuchten würde.

Seit der Geburt Karmapas war es nun schon zum zweiten Mal Frühling geworden. Die Nomaden genossen die ersten warmen Sonnenstrahlen. Der Boden taute auf. Hier und da sprossen die ersten zarten Gräser, die noch feucht waren. Bald würde man das Lager verlassen und zu den Sommerweiden ziehen. Die Herde graste friedlich. Weit und breit waren keine wilden Tiere zu sehen. Loga stillte Apo Gaga noch immer und verbrachte viel Zeit mit ihm. Wenn sie außerhalb des Zeltes zu tun hatte, trug sie ihn in ihrer Chuba auf dem Rücken. Das Kind mochte das aber nicht immer, und manchmal zappelte es so lange, bis die Mutter es auf den Boden setzte und es allein laufen konnte.

Apo Gaga hatte sehr früh angefangen zu sprechen. Je älter er wurde, desto lieber war er allein. Er setzte sich dann oft in der Lotus-Stellung auf einen kleinen Felsen und blieb bewegungslos sitzen. Nur seine flinken Augen bewegten sich und druchdrangen die Berge, die Flüsse und die Gebirgsbäche. Wenn er der Aufsicht seiner Mutter entwischen konnte, kletterte er einen felsigen Steilhang hoch und lauschte dem Singsang der Mantras, den er instinktiv nachahmte; oder er hörte den Wind, der ihm verlockende Geräusche zuführte, zum Beispiel den Klang des Muschelhorns.

Auch wenn er durchaus mit anderen Kindern spielte, spürte Apo Gaga, dass er anders war als die anderen. Er wusste schon damals, dass er nicht lange bei seiner Familie bleiben würde. Sehr früh begann er das Tal zu erkunden. Er kannte die besten Weideplätze, entdeckte die Bäume, die Pflanzen, die Blumen. Die riesige Yak-Herde faszinierte ihn, wie auch alle anderen Tiere. Wenn er sich den zwitschernden Vögeln näherte, die in den Wasserlachen badeten, flogen sie nicht weg, sondern umflatterten ihn. Auch die Raubvögel zogen große Kreise über seinem Kopf, eine Huldigung, für die sich Apo Gaga bedankte, indem er mit der Hand ein Zeichen gab oder mit seinen kleinen Armen seine Mala schwenkte.

Eines Nachts wachte das Kind auf und stieß unverständliche Laute hervor. Einige Sekunden blieb es aufrecht sitzen, die Augen weit geöffnet. Draußen herrschte eisige Kälte. Der Winter war noch nicht ganz vorüber. Immer wieder sank die Temperatur sehr tief, dann wieder erwärmte das Leuchten der Sonne die Zelte. Apo Gaga fühlte, dass eine Gefahr drohte. Irgendetwas würde im Tal passieren, und das Lager würde davon betroffen sein. Nicht zum ersten Mal hatte das Kind eine solche Eingebung, aber es war bis jetzt nicht in der Lage gewesen, sich sprachlich auszudrücken.

Seine Fähigkeit, im Wachtraum Dinge zu sehen, die die anderen nicht wahrnahmen, entwickelte sich immer weiter, wie eine Knospe, die sich entfaltet. Es konnte sehen, was sich in der Nähe des Lagers ereignete – zum Beispiel, wie sich ein riesiger Schneeleopard mit aller Kraft, derer eine ausgehungerte Großkatze fähig ist, auf ein Yak stürzte. Wie seine Fangzähne tief in den Hals des Tieres eindrangen und ein Schwall von Blut herausspritzte.

Das Kind weinte sehr.

Es gab noch mehr Angriffe von Schneeleoparden, herumstreunenden Hunden und Wölfen. Apo Gaga erlebte intensiv, wie grausam die Natur sein konnte: Jedes Mal, wenn ein Tier verletzt wurde oder starb, schluchzte er so sehr, dass sein ganzer Körper zitterte.

Schließlich vertraute sich Loga deswegen Amdo Palden an.

„Ein außergewöhnliches Ereignis ist die Geburt", antwortete der Abt, „noch außergewöhnlicher ist das Leben der Menschen. Unendlich kostbar ist es, einem Wesen zu begegnen, das echtes Mitgefühl empfindet. Nur ganz wenigen Menschen ist es vergönnt, in der Nähe eines Buddha zu leben."

Apo Gagas drittes Lebensjahr hatte begonnen.

Es geschah eines Nachts. Am Himmel waren keine Sterne zu sehen, der Mond wurde von riesigen Wolken verhüllt; der Fluss, der sich in der Nähe befand, rauschte viel lauter als gewöhnlich. Der kleine Junge konnte nicht mehr zusehen, wie ein Raubtier seine Pranken oder seine scharfen Zähne in ein anderes Tier schlug.

Dieses Mal war er fest entschlossen, einem jungen Yak, das sich verlaufen hatte, zu Hilfe zu eilen.

Apo Gaga bestieg eine Wölfin und verschwand in der dunklen Nacht.

Dondrup und Loga erzählten dem Abt von Kalek, dass ihr Sohn nachts auf wilden Tieren ritt; ab und zu bestieg er auch ein Schaf ohne Hörner, um weite Ausflüge ins Tal zu unternehmen.

Wenn ich meinen Kopf und das Gesicht bedecke,
Kann ich weit entfernte Orte sehen.
Aber die anderen Menschen auf dieser Welt sehen nichts
Mit ihren weit geöffneten Augen
Wenn ich mit nacktem Körper schlafe,
erfülle ich den Dharma…9

Amdo Palden sang ihnen statt einer direkten Antwort diese Verse vor.

Als Apo Gaga drei Jahre alt ist, bekommen Dondrup und Loga Besuch von den Lamas aus dem Kloster von Kampagar, das zur Nyingma-pa-Schule gehört. Die Lamas haben schon viel von dem Jungen gehört.

„Ihr habt uns euren ältesten Sohn anvertraut. Gebt uns nun auch Apo Gaga, der ein großer Lehrmeister unserer Linie werden soll."

Als Amdo Palden, der Abt von Kalek, erfährt, dass hohe Geistliche im Lager eingetroffen sind, schickt er einen Eilboten zu den Eltern von Apo Gaga, um seinen eigenen Anspruch auf das Kind geltend zu machen. Dondrup und Loga halten ihr Versprechen. Der Tag vor der Abreise Apo Gagas ins Kloster der Karma-Kagyü verläuft sehr aufregend. Das Kind hilft der Mutter, seine Sachen zusammenzupacken, und es darf zum ersten Mal seine kleine Mönchsrobe tragen, die ihm Loga – nicht ohne einen kleinen Stich im Herzen zu verspüren – genäht hat. Allen scheint dieser Tag endlos zu sein. Er ist ebenso beherrscht von Gefühlen der Angst und Vorfreude wie vom Vollzug der Rituale: ganze Scharen von Buddhas einschließlich ihrer Gefolge sind im Zelt gegenwärtig.

Alle vierhundert Nomaden des Lagers kommen, um Apo Gaga ihre Ehre zu erweisen, und der kleine Junge ist bald von Kopf bis Fuß mit Khatas bedeckt, den weißen Schals, die symbolisch ausdrücken, dass man sich dem anderen mit reinen Gedanken nähert und die jede achtungsvolle Begrüßung begleiten.

Dondrup weckt seinen Sohn im Morgengrauen. Die Reise zum Kloster wird lang werden, vielleicht auch gefährlich. An verschiedenen geweihten Stätten machen sie Halt. Gebetsfahnen flattern im Wind, meist sind sie kreisförmig um Steine aufgestellt, in die die Silbe *mani* eingeritzt ist, die Kurzfassung von *Om Mani Padme Hum*. Einige Steine sind gefärbt und so groß wie Felsbrocken; andere, kleinere Steine liegen übereinander und bilden Mauern, die wir *mendong* nennen. Überall in Tibet findet man diese Mauern in der Nähe von Dörfern und Klöstern, wie eben auch an dieser Stelle im Gebirge.

Je näher das Kloster von Kalek rückt, desto mehr spürt Apo Gaga, dass er eine wichtige Aufgabe zu erfüllen hat. In der Ferne tauchen schon die eindrucksvollen Umrisse des Bauwerkes auf, wo das Kind mehrere Jahre seines noch jungen Lebens verbringen und auf ein großes Ereignis warten wird.

Amdo Palden hat das Orakel von Nechung befragt, um mehr über den Jungen zu erfahren. Im Laufe einer Trancesitzung sieht das Orakel ein weißes Tritonshorn mit einer Spirale, die sich im Uhrzeigersinn dreht. Seine Vorhersage sorgt für einigen Aufruhr bei den Lamas:

„Das Kind darf nicht in diesem Lager bleiben. Auch dieses Kloster wird es wieder verlassen, aber nicht bevor es sieben oder acht Jahre alt sein wird. Apo Gaga wird an einen Ort gehen, der ihm gefällt, und wo ihm Getränke angeboten werden, die köstlicher schmecken als unser süßester Nektar. Die Bilder deuten darauf hin, dass er zunächst einmal in diesem Tempel und diesem Kloster leben wird. Aber ein anderes Mönchskleid wartet bereits auf ihn."

Der Abt teilt Apo Gaga einen Privatlehrer zu, einen Mönch, der ihn nicht aus den Augen lassen darf. Apo Gaga soll nicht an den Spielen gleichaltriger Kinder teilnehmen. Anfänglich verspürt er durchaus Lust, mit ihnen zusammen zu sein, aber ihre Spiele mit getrockneten Knöchelchen, die sie abgeschliffen und in verschiedenen Farben angemalt haben, ziehen sich über Stunden hin. Und Apo Gaga entwickelt sich schon in den ersten Wochen – Amdo Palden ist immer für ihn da und hilft ihm sehr – zu einem fleißigen Schüler. Gerne streift er durch die Klosterbibliothek und durch die Gebetsräume. Er hat kaum lesen gelernt, als er schon auf die Regale klettert, um sich einen handgeschriebenen Text zu holen. Erstaunlicherweise zieht er immer wieder dasselbe Manuskript hervor: die Geschichte von Tsurphu und den Karmapas.

Sein Privatlehrer hat einen kleinen Thron im großen Versammlungssaal aufgestellt: Das Kind betet dort viele Stunden lang. Obwohl er noch nicht offiziell anerkannt ist, behandeln die Lamas und alle Kinder Apo Gaga mit der besonderen Aufmerksamkeit, die man einer Reinkarnation zukommen lässt. Wenn man ihm ein wenig Spielraum lässt, knotet Apo Gaga Riemen zu Schnüren zusammen, die er seinen kleinen Freunden und seinem Privatlehrer als eine Art Talisman schenkt. Man spricht ihnen eine schützende Wirkung gegen innere und äußere Feinde zu. Es besteht kein Zweifel: Wer aus der Hand Apo Gagas eine solche Schnur erhalten hat, dem kann nichts zustoßen!

Die heiligen Texte lernt er immer besser auswendig. Und im Gegensatz zu vielen anderen Mönchen mag er es, wenn die Tage früh am Morgen beginnen und manchmal erst sehr spät enden. Amdo Palden wacht über ihn, aber er fordert auch viel von ihm. Wenn er glaubt, dass sich Apo Gaga nicht ausreichend auf seine Studien konzentriert, wirft sich der Abt zunächst drei Mal vor ihm nieder – um sich vor Hochmut zu schützen – und erlaubt sich erst dann, das Kind durch einen Klaps auf den Kopf oder einen festen Kniff in die Wange zu ermahnen.

Gemeinsam mit seinem Privatlehrer bewundert Apo Gaga im Frühling und Sommer die Blumen, und er ist sehr unglücklich, wenn der Sturm einen Baum entwurzelt hat. Er nimmt dann einige tote Zweige und pflanzt sie ein. Einige Tage später sind schon Knospen zu sehen: ein neuer Baum wird an dieser Stelle wachsen.

Der Abt des Klosters hat Dondrup und Loga erlaubt, ihren Sohn zu bestimmten Zeiten im Jahr zu sich zu nehmen. Sobald er wieder in der Nomadengemeinschaft ist, besteigt er das Schaf ohne Hörner und verschwindet zwischen den Hügeln. Niemand weiß, wohin er eigentlich reitet. Manchmal entdecken die Nomaden kleine Erdanhäufungen: Apo Gaga hat aus Erde und Steinen Klöster gebaut. In der Nähe des Zeltes klettert er auf einen kleinen Thron aus Erde, niemand stört ihn dort, wenn er betet. Wenn die Nomaden ein Yak oder Schafe verloren haben, wenden sie sich an ihn. Er zeigt ihnen schon nach kurzer Zeit die Stelle, wo sie die Tiere wiederfinden können.

Auch im Frühling 1992 besucht Apo Gaga, der zu dieser Zeit knapp sieben Jahre alt ist, die Nomadengemeinschaft. Am Tag nach seiner Ankunft bittet er seine Eltern, im Zelt zu bleiben, denn er will ihnen etwas sagen:

„Ich bitte euch, das Lager zu verlassen. Wir müssen sofort zu den Sommerweiden aufbrechen."

„Das ist einen Monat zu früh, mein Sohn!" ruft sein Vater aus.

„Vater, ich bestehe darauf! Ich bekomme Besuch. Diese Männer werden eine wichtige Botschaft mitbringen."

Die Nomaden folgen der Bitte des Kindes. Sie treiben die Herden zusammen, bauen die Zelte ab, packen ihre Gerätschaften und brechen sofort auf.

Einige Tage später haben sie das Tal erreicht, das der sechzehnte Karmapa in seinem Weissagungsbrief beschrieben und der Dalai Lama in einer Vision gesehen hat.

Anmerkungen

[1] Der mongolische Kaiser Kublai Khan (1215–1294) begründete die Yuan (1276–1294). Als er 1260 Khan geworden war, erklärte er Peking zur Hauptstadt. Er eroberte China 1271–1276 und wurde der Förderer der buddhistischen Linie der Sakya-pa.

[2] Nach Laurent Deshayes, *Histoire du Tibet*, Paris (Editions Fayard) 1997.

[3] Seine buddhistsiche Schutzgottheit.

[4] Die Übersetzung folgt dem französischen Text.

[5] Buddha, Dharma, Sangha, das bedeutet: der Erwachte, die Lehre, der Weg, sowie die Gemeinschaft der Lehrenden und Übenden.

[6] Nach Pierre Crépon, *Milarepa, Les Fleurs du Bouddha*, Paris (Albin Michel).

[7] Kelsang Gyatso (vgl. Anhang) in: *Paroles des dalai-lamas*, a.a.O.

[8] Im Laufe der Operation „Garden", die von der CIA ins Leben gerufen wurde, sind mehrere hundert Tibeter gezielt für Guerilla-Operationen ausgebildet worden. Die CIA unterstützte den tibetischen Widerstand bis 1971, als die Vereinigten Staaten und die Volksrepublik China ihre diplomatischen Beziehungen wieder aufnahmen. Die freiwillige nationale Verteidigungsarmee bestand größtenteils aus Khampa-Kriegern, also jenen, die als erste den Kampf gegen die chinesischen Besatzer aufgenommen hatten.

[9] Nach Milarepa, *Les Fleurs du Bouddha*, a.a.O.

6

Es regnet Blumen der Weisheit

Das Unwetter beruhigte sich. Nach der Stellung des Mondes zu urteilen, musste es zwischen zwei und drei Uhr morgens sein. Ich betrachtete die anderen, die schliefen. Die Angst, die mich am Tag zuvor beschlichen hatte, ließ nicht nach, im Gegenteil... Ich machte das Feuer wieder an und ließ Eisstücke schmelzen, um später Tee kochen zu können. Wir konnten nicht mehr lange in dieser Höhle bleiben. Nachdem ich die anderen geweckt hatte, ging ich hinaus, um schon einmal das Gelände zu erkunden. Die Temperatur war weiter gefallen. Über mir leuchteten die Sterne. Als wir schließlich die Höhle verließen, wies uns das erste Leuchten der Morgendämmerung den Weg.

Meine Nerven waren bis zum Zerreißen gespannt. Wegen des schlechten Wetters hatten wir uns stark verspätet; das verhieß nichts Gutes. Außerdem hatten wir keinen Kontakt zu den Widerstandskämpfern, die auf uns warteten: noch ungefähr vier Stunden Fußmarsch trennten uns von ihnen.

Mein Blick kreuzte denjenigen Karmapas. In seinen Augen konnte ich keine Gefühlsbewegung wahrnehmen. Ich gestand mir ein, dass mein Geist durch meine Angst allzu sehr in Mitleidenschaft gezogen war, und dass ich auch körperlich in einer schlechten Verfassung war. Ich musste darauf achten, dass das in Zukunft nicht mehr vorkam und konzentrierte mich auf das Mantra *Om Mani Padme Hum*.

Je höher wir kamen, desto schwieriger wurde das Gelände. Wir würden den Kamm nur erreichen, wenn wir alle unsere Kräfte mobilisierten.

Bevor wir auf die andere Seite des Felskammes wechselten,

machten wir noch einmal Rast. Wir versteckten uns zwischen den Felsen, tranken etwas und kauten ein Scheibchen getrocknetes Yakfleisch. Anschließend riefen wir die Buddhas an.

Endlich waren wir oben! Jetzt bot sich uns ein großartiges Schauspiel. In der Ferne sahen wir die beeindruckende Kette des Himalaya mit seinen ewig verschneiten Gipfeln. Die Sonne warf goldene Lichter auf den Schnee. Jetzt verstand ich, warum sich die Khampa-Krieger in diese Landschaft zurückgezogen hatten. Die chinesischen Soldaten verabscheuten große Höhe und Kälte; unsere Landsleute aber fühlten sich hier ausgesprochen wohl.

Noch ein Tal, das letzte! Es war von steilen Felsen eingeschlossen, über die ein kräftiger Wind fegte. Mühsam kletterten wir die letzten Hänge nach unten, aber wir waren noch immer weit von der Straße entfernt. Sie musste in etwa drei Kilometer Entfernung liegen.

Im Osten klarte der Himmel auf. Hatten uns die Buddhas erhört?

Der Führer gab uns ein Zeichen anzuhalten. Eine riesige Herde Yaks zog von Norden nach Westen. Sie war jedoch ziemlich weit von uns entfernt. Tatsächlich brauchten wir noch ungefähr sechs Stunden, bis wir endlich bei unseren Freunden waren. Ihre Gesichter zeigten, wie erleichtert sie waren. Sie lachten und tanzten und warfen sich immer wieder vor Karmapa nieder.

Obwohl wir sehr erschöpft waren, freuten wir uns mit ihnen. Aber was für Hindernisse würden wir auf unserem Weg in die Freiheit noch überwinden müssen! Sie waren der Preis. In diesem Leben hatten wir die unerwartete Chance erhalten, den siebzehnten Karmapa und den vierzehnten Dalai Lama zusammenzuführen – zwei geistige Führer, die unsere Geschichte auf besondere Weise prägten, zwei Lehrmeister, die wie zwei unerschütterliche Pfeiler das Dach der Welt hielten.

Ich stellte mir vor, wie hingerissen Karmapa, dieser außergewöhnliche Jugendliche, zuhören würde, wenn der geistige und

weltliche Führer aller Tibeter ein Lied des sechsten Dalai Lama
zitierte:

O Ihr, die Ihr hier versammelt seid!
Hört das traurige Lied, das ich euch singen will.
Ich, der weit von seinem Land des Schnees entfernt ist;
Und Ihr, die Ihr in diesem weit entfernten Land geboren seid,
Wir stehen uns an diesem denkwürdigen Tag
Auge in Auge gegenüber,
die Führer der hohen Kasten begrüßen einander,
denn sie haben sich an diesem wunderbaren Tag getroffen.
Obwohl ich mein Vaterland verlassen habe,
deutet alles auf ein gutes Ende im großen Plan hin.
Doch tief in mir wird drei Mal die Sorge geboren…
Und in meinem Herzen ist dreifache Reue eingeschlossen.[1]

Hatte ich in dieser Situation das Recht zu träumen? Ich wusste es
nicht. Sicher, wir waren gegenüber unseren Feinden im Vorteil:
Wir hatten Pässe überquert, die zu dieser Jahreszeit als unüber-
windbar galten; und bald würden wir den Geländewagen stehen
lassen und unseren Weg zu Pferd fortsetzen. Auf der anderen Seite des Tales wartete erneut eine Gruppe Helfer auf uns. Aber jetzt
mussten wir uns erst einmal ausruhen!

Karmapa meditierte vor dem Altar. Alle anderen fielen in einen
tiefen Schlaf.

Im Traum sah ich noch einmal, wie er nach Tsurphu gekommen war.

Damals hieß er noch Apo Gaga…

Es war im Jahr 1992. Kaum war der Winter zu Ende gegangen, als
sich schon die ersten Frühlingsboten zeigten. In dem Tal, in dem

die vierhundert Nomaden ihr Lager aufgeschlagen hatten, waren die Wiesen schon von einem zarten Grün überzogen. Von jedem Hang stürzte ein Bach herunter. Die Kinder freuten sich an dem klaren Wasser.

Apo Gaga wurde die einer hohen Reinkarnation gebührende Verehrung entgegengebracht, obwohl er offiziell noch gar nicht anerkannt war. Alle wünschten, dass er lange leben möge, und verschiedene rituelle Handlungen wurden vollzogen. Das Kind würde am 25. Juni sieben Jahre[2] alt werden.

An zwei Stangen waren Gebetsfahnen aufgehängt; sie hatten sehr unter den Winterstürmen gelitten. Apo Gaga richtete die Stangen wieder auf und befestigte sie unten mit schweren Steinen. In der Nähe der Gebetsfahnen stand ein Stupa, ein religiöses Monument, in dem schon seit Urzeiten Reliquien aufbewahrt wurden. Gegenüber von ihm baute sich Apo Gaga einen Thron aus Erde; ein flacher Stein diente ihm als Sitzgelegenheit.

In intensiver Meditation tauchte Apo Gaga in seine früheren Leben ein. Manchmal lächelte er nur, dann wieder lachte er schallend; am beeindruckendsten aber war die ungeheure Kraft, die er in diesen Momenten ausstrahlte. Wenn er in diese unvollkommene, fehlerhafte Welt zurückkehrte, dann geschah dies aus unerschütterlicher Treue seinem Bodhisattva-Gelübde gegenüber: den Weg der Erleuchtung zu verwirklichen und alle Wesen vom Leid zu befreien. Apo Gaga verkörperte dieses Gelübde neu. Schon früh war sein Verhalten davon bestimmt, sich auch bei den kleinsten Handlungen von Liebe und Mitgefühl leiten zu lassen. Es bemühte sich ständig, alle menschlichen Lebewesen und auch die nicht-menschlichen, die Tiere, Pflanzen, Blumen und Bäume zu schützen.

Bei seiner sechsten Reinkarnation hatte sich ein köstlicher Weihrauchduft in der ganzen Gegend verbreitet, als seine Mutter die Nabelschnur durchschnitt. Der Weg des Bodhisattva führt über zehn Stufen bis zur Buddhaschaft. Schon von der ersten

Stufe an überschreiten die – oft verborgenen – Fähigkeiten eines Bodhisattva die Vorstellungskraft der gewöhnlichen Menschen. Sein Handeln ist vielfach von Wundern begleitet.

Im Kloster von Kalek beobachteten Apo Gaga und sein Privatlehrer viele Stunden lang die Blumen. Man muss sich die Liebe vorstellen, die dabei aus den Augen des Kindes strömte! Aber diese Liebe war immer schon da gewesen: Während seiner vierten Inkarnation brach in einer unserer Provinzen eine Epidemie aus und Karmapa eilte sofort dorthin. In einem Kloster in der Nähe erblühte in der Nähe des Thrones eine seltene Blume: Die Wurzel brachte hundert Stängel hervor; an jedem von ihnen entfalteten sich hundert Blüten; jede Blüte besaß tausend goldene Blätter und in ihrem Zentrum befand sich jeweils ein rotes Herz mit gelben Staubbeuteln. Kurz nach der Ankunft Karmapas war die Epidemie besiegt.

Im Laufe seiner Meditation sang Apo Gaga: „Ich bin die siebzehnte Wiedergeburt von Düsum Khyenpa, dem ersten Karmapa, dem Schüler von Gampopa und Milarepa…" Nur die Vögel und die Tiere in seiner Nähe hörten ihn.

Im Jahre 1361 hatte der vierte Karmapa seiner Familie eine Audienz gewährt. Neben seiner Mutter stand ein kleiner, etwa vierjähriger Junge, der anders aussah als die anderen Kinder. Karmapa sagte zu seinen Eltern: „Nehmt euren Sohn mit und sorgt gut für ihn, damit er seine große Bestimmung erfüllen kann." Dieses Kind, der spätere Tsongkhapa[3], würde im XV. Jahrhundert die große Reform des tibetischen Buddhismus einleiten und die Linie der Gelug-pa gründen, aus der später der Dalai Lama und der Panchen Lama[4] hervorgehen sollten.

In der Nähe des Stupa entfachte Apo Gaga ein Feuer mit den Wacholderzweigen, die ihm die Vögel gebracht hatten. Auch ein Bund Weihrauch brannte. Plötzlich erschien eine Dakini und setzte ihm einen schwarzen Hut auf. Er war aus vielen tausend

Haaren von Dakinis, seinen überirdischen Beschützerinnen gewoben und Ausdruck ihrer Achtung für seine spirituelle Verwirklichung.⁵ Er, Apo Gaga, durfte diesen Hut noch nicht aufsetzen: Zuerst musste er seine Aufgabe erfüllen, die ihn weit über die Berge Tibets führen würde. Er würde auf Schneelöwen und weißen, mit Juwelen geschmückten Pferden reiten und sich schneller als die Wolken fortbewegen.

Der Hut der Karmapas wird derzeit im Kloster Rumtek unter dem Schutz der sikkimesischen Regierung aufbewahrt. Eine Weissagung mahnte: Wenn ein Falscher es wagen würde, den Platz des wahren Karmapa einzunehmen und sich den kostbaren Kopfschmuck aufzusetzen, würde er auf der Stelle eines gewaltsamen Todes sterben.

Im Jahre 1992, als Apo Gaga für einige Zeit zu seiner Familie zurückgekehrt war, stand er jeden Tag im Morgengrauen auf. Er nahm an den Gebeten und Ritualen vor dem Familienaltar teil, begleitete seine Mutter, wenn sie Holz sammelte und zog sich in die Berge zurück, wo er die Buddhas und die Schutzgottheiten anrief, damit sie ihm bei seiner Umsetzung von Liebe und Mitgefühl halfen. Manchmal badete er im eiskalten Wasser eines Flusses. Die Fische schwammen dabei so dicht an ihn heran, dass sie ihn leicht streiften; auf diese Weise zeigten sie, wie sehr sie ihn verehrten. Häufig setzte er sich an die Uferböschung, um dem Tosen des Wassers zu lauschen, das über Dutzende von Metern Steine mit sich führte. Einmal hörte er dort sehr melodische Geräusche, die immer näher kamen; sie erinnerten ihn an das aus Oboen, Hörnern und Tamburinen bestehende Orchester eines Klosters.

Die wichtigsten Dinge passieren immer dann, wenn man sie am wenigsten erwartet. Eines Morgens beobachteten die Nomaden, dass Apo Gaga in der Lotusposition auf der gegenüberliegenden Seite des Flusses saß. In seiner Meditation sah dieser, wie sich in der Ferne zwei Reiter dem Tal näherten. Eine schwere Wärme strömte aus seinem Körper, sein Geist wanderte zu Amdo Palden, dem Abt des Klosters Kalek, der dort im Tempel vor Buddha Shakyamuni kontemplierte.

Einige Tage später erreichte ein Bote das Lager, den Apo Gagas älterer Bruder geschickt hatte. Er berichtete dem Kind, dass Gesandte aus Tsurphu, dem Sitz der Karma-Kagyü, auf der Suche nach der Reinkarnation eines sehr hohen Lehrmeisters des tibetischen Buddhismus waren. Apo Gaga verstand sofort, dass von ihm die Rede war.

Er fing an zu lachen und sein kosmisches Lachen wurde über das ganze Tal hinweggetragen. Der Junge war so außer sich vor Freude, dass er sein Glück den Nomaden mitteilen musste, die ihre Arbeit unterbrachen; ebenso den Yaks, die aufhörten zu grasen und den Vögeln, die sich zu ihm setzten, und den Adlern, die ihre Kreise über dem Hügel vergrößerten, und mit den Fischen, die im Fluss sprangen. Dann fing er an zu tanzen, drehte sich um sich selbst, breitete die Arme aus, als wollte er die ganze Welt umarmen, alle fühlenden Wesen, die Gebirgsbäche, die Seen und die Flüsse… Er tanzte und sang für sie. Erst nach langer Zeit beruhigte sich Apo Gagas erregtes Gemüt, und auch sein kleiner Körper kam wieder zur Ruhe…

Die Nomaden wollten wissen, was an diesem Tag in Apo Gaga vorgegangen war, denn sie verehrten ihn sehr. Er hatte ihnen dabei geholfen, vier Yaks zu finden, die sich verlaufen hatten, und fünf Schafe vor dem sicheren Tod zu bewahren. Er hatte einen Leopard vertrieben, der über die Weideplätze strich, und er hatte es in den frühen Morgenstunden regnen lassen. Das Tal war außergewöhnlich fruchtbar, und das Gras, das die Yaks fraßen, war so zart, dass man sich kaum vorstellen konnte, dass die Sonnenstrahlen es jemals verbrennen könnten. Im Lager war alles friedlich. Den Nomaden war aufgefallen, das allein die Gegenwart des

Sohns von Dondrup und Loga ausreichte, um negatives Karma von der ganzen Gruppe fernzuhalten.

Dieser Tag war besonders schön. Apo Gaga dachte an seine Mutter, die er bald verlassen musste. Er spürte ihren Atem auf seiner Haut und lächelte beim Gedanken an ihre roten Wangen in dem von der Sonne gegerbten Gesicht. Ihre Stimme klang zu ihm unter allen Frauenstimmen im Lager, auch die Rufe seiner Schwestern drangen herüber. Sie alle waren mehrere hundert Meter von ihm entfernt, aber der leichte Wind, der aufgekommen war, führte die Geräusche wie ein feierliches Echo zu ihm.

Eigentlich hatte er vorgehabt, auf einen Hügel zu klettern, entschied sich dann jedoch anders. Vor seiner Abreise hatte er noch so viel zu erledigen! Als Loga sah, wie er sich ein schmales Kleiderbündel zusammenschnürte, fragte sie ihn:

„Was machst du denn da?"

„Für mich ist es Zeit, ins Kloster Tsurphu zu gehen. Dort besteige ich den Thron und lehre über den Großen und Geheimen Inneren Weg in einem kunstvoll arrangierten Kristallfeld."

Dondrup und Loga gingen weiter ihren Alltagsbeschäftigungen nach. Im Tal herrschte eine Stimmung, die zwischen süßer Ruhe und eifriger Betriebsamkeit lag. Aber auf den Gesichtern war auch Traurigkeit zu lesen. Eine drückende Stille lastete auf dem Lager. Dondrup und Loga stellten ein neues Zelt auf, um ihre Gäste standesgemäß zu empfangen. Im Inneren errichteten sie einen Altar, an dem sie Weihrauch verbrannten und Geschenke und Opfergaben niederlegten. Alle Familien boten ihre Hilfe an, denn sie waren von der Geschäftigkeit, die bei Loga und Dondrup herrschte, sehr beeindruckt. Der gemächliche Rhythmus, mit dem die Nomaden ihre Alltagstätigkeiten verrichteten, wurde kurzfristig aufgegeben. Denn zwei Reiter wurden mit Spannung erwartet. An diesem Abend war das ganze Lager in Aufregung, und die Männer – auch Dondrup, der Vater von Apo

Gaga – tranken mehr Chang als üblich, um die lange Wartezeit zu überbrücken.

Am nächsten Morgen stand Apo Gaga sehr früh auf. Er konnte bereits die Schatten der zwei Reiter erkennen; sie zeichneten sich im ersten Morgenlicht ab.

Gleich nach ihrer Ankunft stellten sich die beiden Männer Dondrup und Loga vor. Nach dem traditionellen Austausch der Khatas wurden sie in das für sie errichtete Zelt gebeten. Loga bot ihnen Tee und getrocknete Scheibchen von Yakfleisch an.

Die Reiter hatten das Tal wiedererkannt, das in dem Prophezeiungsbrief des sechzehnten Karmapa beschrieben wurde: da waren die Flüsse, die riesige Herde, die Nomaden…

Dondrup und Loga berichteten über die Geburt ihrer Töchter und ihres ältesten Sohnes, den sie ins Kloster gegeben hatten, und natürlich über die Geburt von Apo Gaga. Sie erzählten von den Träumen, den Kranichen, der Elster, den Tritonshörnern, den drei Sonnen, dem verschwommenen Lichtkreis um den Regenbogen und dem Drängen Apo Gagas, das Winterlager aufzugeben und zu den Sommerweiden zu ziehen.

Die Männer beobachteten den Jungen mehrere Tage lang. Abends kam er zu ihnen ins Zelt und erzählte von seinen früheren Leben, vor allem von der Geburt seiner sechsten Inkarnation:

„Am Vortag der Geburt stellte meine Mutter fest, dass die Rundung ihres Bauchs abgenommen hatte. Sie war sehr beunruhigt, zumal ich die Angewohnheit hatte, in ihrem Bauch das Mantra *Om Mani Padme Hum* zu rezitieren – und jetzt hörte sie gar nichts mehr. Ich war bereits im Augenblick der Befruchtung mit den Silben des Mantra vertraut. Später machte es mir großen Spaß, sie zusammen mit meinen Eltern zu sprechen.

Ich spürte die Angst meiner Mutter, denn sie hatte meine Stimme seit vierundzwanzig Stunden nicht mehr gehört. Aber ich war fort gegangen, um mein Kloster Tsurphu zu besuchen."

„Was geschah dann?" fragte einer der Mönche, der von der Genauigkeit, mit der Apo Gaga erzählte, sehr beeindruckt war.

„Es wurde Zeit, dass ich zur Welt kam! Zunächst ließ ich mich in den Bauch meiner Mutter gleiten. Kurz nachdem sie gespürt hatte, dass die vertraute Rundung wieder da war, und mich Mantras rezitieren gehört hatte, kam sie ohne Schmerzen nieder. Ich erinnere mich noch daran, dass es regnete und dass sich über meinem Kopf mehrere Regenbögen bildeten."

Einige Tage später überreichte Lama Domo – einer der beiden Mönche – im Namen des Klosters Tsurphu Dondrup und Loga eine Kopie des Briefes, den der sechzehnte Karmapa geschrieben hatte. Die Nomaden versammelten sich um das Zelt: Jetzt wussten alle, dass Apo Gaga seine Reinkarnation war.

Die nächsten Tage waren mit rituellen Handlungen und Abschiedsfeiern angefüllt und vergingen wie im Rausch. Die Nomaden tanzten und sangen und ehrten Apo Gaga. Der Chang floss in Strömen. Dann verließ der Junge mit seinen Eltern das Lager, um das Kloster Kalek aufzusuchen. Dort wurden im Laufe der nächsten Tage zwei weitere Gesandte aus Tsurphu erwartet, Akong Rinpoche und Sherab Tarchin. Tai Situ Rinpoche und Gyaltsab Rinpoche hatten sie beauftragt, den siebzehnten Karmapa bei seiner historischen Reise nach Tsurphu zu begleiten.

Die Gesandten schlugen Dondrup und Loga eine neue Lebensweise vor – Dinge, von denen die beiden Nomaden niemals zu träumen gewagt hatten: Sie würden ihre Yakherde nicht mehr hüten müssen, sondern könnten in einem Haus in Lhasa leben und ihren Sohn so oft wie möglich sehen. Die beiden waren Teil eines Prozesses geworden, der sie beunruhigte. Was würde aus ihnen werden? Wie würde ihre Zukunft aussehen? Akong Rinpoche und Sherab Tarchin versuchten ihnen zu erklären:

„Euer Sohn wird der geistige Führer der Karma-Kagyü-Linie sein. Ihr könnt stolz darauf sein, wie ihr ihn erzogen habt."

Das Kloster Kalek kam kaum zur Ruhe. Dort bereitete man den Abschied von Apo Gaga vor. In den Tempeln wurde eine Zeremonie nach der anderen abgehalten. Gäste von Rang und Namen trafen ein. Als sich die Aufregung wieder etwas gelegt hatte, begann man Vorkehrungen für die Reise Apo Gagas nach Tsurphu zu treffen. Früher waren hohe Würdenträger in Asien mit großer Eskorte gereist; sie wurden von Mönchen in einer Sänfte getragen. Aber die Zeiten hatten sich geändert. Apo Gaga, der seine prächtigsten Kleider trug, würde sich im Auto auf den Weg zu seiner zukünftigen Bestimmung machen.

Als er das Kloster von Kalek verließ, wo er mehr als drei Jahre unter der besonderen Fürsorge Amdo Paldens gestanden hatte, erschienen drei Sonnen am dunstigen Himmel: Die mittlere war von einem Lichthof umgeben, die beiden anderen wurden von dichten Wolken fast verdeckt. Zwei Schneelöwen zeichneten sich darauf ab. Es begann „Blumen der Weisheit" zu regnen.

Die Nachricht von der bevorstehenden Ankunft des siebzehnten Karmapa in „seinem" Kloster in Tsurphu verbreitete sich in der ganzen Region; man redete in Lhasa und Shigatse und in den umliegenden Dörfern von nichts anderem mehr.

In Tsurphu waren viele Gebäude frisch gestrichen, aber die Ruinen legten immer noch Zeugnis von den Schrecken der Vergangenheit ab. Von überall her kamen Pilger: Bald waren es tausend, zweitausend, fünftausend; dann hieß es, dass mehr als zwanzigtausend Menschen auf dem Weg zum Kloster Tsurphu waren.

Eine immer größer werdende Menschenmenge drängte sich entlang Apo Gagas Reiseroute. Die Honoratioren hatten neue Zelte aufgestellt, die anderen gaben sich mit ihren notdürftig geflickten Zelten zufrieden. Unzählige Geschenke lagen für Karmapa bereit. Ob arm oder reich, jede Familie ließ sich etwas einfallen:

Die einen stellten Gebetsfahnen her und zogen sie auch gleich auf, die anderen verteilten Weihrauch und Khatas… Alle hatten sich fein herausgeputzt und ihre besten Kleider angezogen.

Welches Ereignis! Dreiunddreißig Jahre nach der Flucht des sechzehnten Karmapa kehrte seine Reinkarnation nach Tibet zurück. Aber nach so vielen Entbehrungen, so viel Leid, so vielen vergeblichen Anstrengungen und enttäuschten Hoffnungen konnte man sich kaum vorstellen, dass die Zukunft anders als schreckensvoll sein sollte. Wie würden sich die chinesischen Kommunisten gegenüber dem Kind verhalten? Man musste das Schlimmste befürchten, auch wenn sein Vorgänger, der sechzehnte Karmapa, sowie der vierzehnte Dalai Lama und der zehnte Panchen Lama gezeigt hatten, wie man auf jeweils unterschiedliche Weise Widerstand leisten konnte. Ich wollte mit aller Kraft an eine bessere Zukunft glauben, konnte jedoch den Alptraum, der unser Volk in den letzten fünfzig Jahren gefangen gehalten hatte, und die alltäglichen Grausamkeiten nicht aus meinem Gedächtnis verbannen. Tief in meinem Herzen entstanden neue Schreckensvisionen.

Dieses Kind und seine Familie durften nicht wieder zu unschuldigen Opfern werden!

Wenige Kilometer vor dem Kloster hielt das Auto an. Apo Gaga kletterte auf ein Pferd, das mit Brokatschmuck behängt war und in dessen Mähne und Schweif man Gold und Türkise eingeflochten hatte. Es war, als würde vom Nachbarberg Milarepas Lied wie ein Echo zu uns herüber getragen:

Vom Wind getragen, hört mein rotbraunes Pferd
den Klang der Glocken um seinen Hals.
Auf seiner prächtigen Satteldecke,
trägt es ein weiches Yakfell.
Sein Sattel ist aus edlem Eichenholz gemacht,
der Gurt mit Eisenschnallen verstärkt;

Die vorderen und hinteren Sattelriemen sind aus rotem Leder;
Wenn das Zaumzeug die Zähne meines Pferdes entblößt,
lacht es und freut sich an seinem Schmuck.
Die Spiegel, die seine Wangen zieren, leuchten wie Sterne.
Die Zügel hält ein guter Reiter in seiner Hand,
die Reitpeitsche fordert Gehorsam.
Im Anblick des Ziels ist es dieser Hengst,
der das Rennen für sich entscheidet.
Er ist es, der den Preis des Siegers trägt.
Dieses Pferd, Zeichen der Größe der Wesen dieser Welt,
Schenke ich dem verehrten Meister,
damit es ihm als Reittier diene.[6]

Amdo Palden, der Abt von Kalek, hatte das Orakel von Nechung und den Lama-Astrologen[7] befragt, um das bestmögliche Datum für die Reise zu ermitteln. Auf die gleiche Weise wurden auch der günstigste Zeitpunkt für die Inthronisation Karmapas in Tsurphu und die Zeremonie des Haareschneidens im Tempel von Jokhang in Lhasa bestimmt. Mit großer Sorgfalt feilte man am Protokoll, in dem die Abfolge der Veranstaltungen und der religiösen Feiern festgelegt wurden.

Der Festzug näherte sich im Rhythmus der Tamburine, Oboen und Flöten. Im Zusammenspiel der verschiedenen Instrumente und in der Wiedergabe der heiligen Gesänge drückten sich Mitgefühl und tiefe Verehrung angesichts Karmapas aus. Die Glöckchen klangen so klar wie das Wasser des Tals, das er erst vor einigen Wochen verlassen hatte.

Die Gebetsfahnen und die Fahnen der Linie der Karma-Kagyü in den Farben Gelb und Blau – Symbol der Einheit von Mitgefühl und Leerheit – flatterten im Wind. Am Rand der steinigen Straße waren mit Kreide Striche gezogen. Der Festzug, der Apo Gaga folgte, wurde immer länger. Inzwischen begleiteten auch Khampas, die auf kleinen, aber sehr kräftigen Pferden saßen, den Zug.

Alle zwanzig oder dreißig Schritte strömte aus Weihrauchfässern der vertraute schwere Duft. Die Mönche hatten sich zu Ehren des Karmapa in einer Reihe aufgestellt, und viele von ihnen weinten.

Schließlich erreichte der Zug das Kloster. Geschickt stieg Apo Gaga vom Pferd. Von einem riesigen goldenen Sonnenschirm geschützt, schritt er feierlich bis zum Thron und setzte sich vor das Bildnis des Buddha.

Karmapa war heimgekehrt: Er war genau sieben Jahre alt – vielmehr, für uns Tibeter war er acht[8].

Anmerkungen

[1] Gilles van Grasdorff, *Paroles des dalai-lamas*, a.a.O.

[2] Nach tibetischer Zeitrechnung war er acht Jahre alt, da die Monate der Schwangerschaft als erstes Lebensjahr gelten.

[3] Seine Werke bilden die Synthese zwischen den Sutras und den Tantras (1357–1419).

[4] Im Laufe des XVII. Jahrhunderts wurde der fünfte Dalai Lama zum geistigen und weltlichen Führer Tibets.

[5] Der chinesische Ming-Kaiser Yung lo, ein Schüler des fünften Karmapa, sah in einer Vision diesen Hut über Karmapas Kopf. Yung lo erkannte, dass er den Hut nur aufgrund seiner großen Hingabe wahrnehmen konnte. Um ihn auch für andere sichtbar zu machen, ließ er eine Nachbildung davon anfertigen, geschmückt mit wertvollen Juwelen und Gold. Diese „Schwarze Krone" ist seitdem im Besitz der Karmapas und wird von ihnen bei einer speziellen Zeremonie aufgesetzt – als Mittel, um ihre eigene Verwirklichung von Mitgefühl anderen sichtbar und zugänglich zu machen. Daher heißt es, dass die Schwarze Krone Karmapa die Macht verleiht, für andere das Tor zum großen Weg der Befreiung zu öffnen.

[6] Die Übersetzung folgt dem französischen Text von Marie-José Lamothe, a.a.O.

[7] Die tibetische Astrologie entstand aus drei kulturellen Strömungen: der alten tibetischen Tradition, die magischen und animistischen Ursprungs ist; der chinesischen Astrologie, die im VII. Jahrhundert eingeführt wurde, und der indischen Astrologie in buddhistischer Ausprägung, wie man sie etwa im Kalachakra-Tantra aus dem XI. Jahrhundert findet. Die tibetischen Astrologen sind Lamas, also spirituelle Meister, und haben daraus eine harmonische Synthese geformt, die noch heute Gültigkeit besitzt.

[8] Vgl. dazu Fußnote 2 dieses Kapitels.

7

Eine Einsiedelei in den Bergen

Wir hatten unseren Marsch durchs Gebirge wieder aufgenommen. Beim Überqueren der ersten Pässe entdeckten wir in der Ferne schwarze Schatten, die sich auf den verschneiten Hängen abzeichneten: Es waren Yaks. Das Laufen wurde durch den starken Wind immer beschwerlicher. Um an der letzten Kontrollstation vorbei zu kommen, waren wir – wie zuvor auch schon – aus dem Geländewagen ausgestiegen. In solchen Höhen hielt sich die chinesische Polizei nur sehr ungern auf, aber ein gesundes Misstrauen war durchaus angebracht. Die Fahrer berichteten uns später, dass die Kontrollstation aus einer Blechbaracke bestand, in der etwa zehn Mann um einen Ofen herum saßen, aus dem dichter, beißender Rauch drang. Der Mitsubishi durfte ungehindert passieren. Zwei Stunden später stiegen wir wieder ein. Die größte Gefahr drohte uns jetzt seitens der Tibeter: Unter den Pilgern, die zum Berg Kailash[1] unterwegs waren, konnten sich Spitzel verbergen. Vom Berg aus wollten wir den Weg nehmen, den fast alle Exilflüchtlinge wählten.

In einem Nomadenlager im Tal machten wir Rast. Die schwarzen Zelte aus Yakhaar erinnerten Karmapa an das Zelt seiner Eltern. Wir gaben uns als einfache Reisende aus. Das Oberhaupt der Nomaden bot uns einen ziemlich faden Tee an und Karmapa gab ihm etwas von unserem Tsampa.

„Davon besitzen wir in dieser Jahreszeit nicht viel", sagte der Mann mit einem zahnlosen Lächeln. „In der letzten Woche haben wir bei einem Sturm zehn Tiere verloren, auch einen Teil unseres Buttervorrats, Käse und getrocknetes Yakfleisch."

Karmapa hörte ihm voller Mitgefühl zu. Wir fragten den Mann, ob zu dieser Jahreszeit noch viele Pilger vorbei kämen und ob in der Gegend chinesisches Militär stationiert wäre. Er hatte nichts gesehen.

Je näher wir dem Ort kamen, an dem wir das Auto stehen lassen wollten, desto mehr schien alles Leben um uns zu erstarren. Die Winter in diesen Gegenden gelten als extrem hart; die Wasserläufe und Seen waren zugefroren. Wir sahen, wie die Nomaden Eisblöcke zerhackten. Anschließend ließen sie das Eis in den Zelten auftauen. Als es Abend wurde, beobachteten wir mehrere Schneeleoparden und einige Wölfe. Ausgehungert kletterten sie in die Täler hinunter, um die Yak- und Schafherden anzugreifen. Aber in dieser Höhe waren auch die Tibeter, die vor der Unterdrückung durch die Chinesen flohen, ihre Beute. Später hörte ich von Flüchtlingen haarsträubende Geschichten über erschöpfte Kinder, die auf der Flucht von den Führern zurückgelassen und anschließend von wilden Tieren gefressen worden waren.

Es war etwas Schnee gefallen, und wir kamen noch langsamer vorwärts. Der Wind hatte die Wolken am Himmel weggefegt. Die Stellung des Mondes zeigte uns an, dass es etwa eine Stunde nach Mitternacht war. Wir wollten bis zum ersten Leuchten der Morgendämmerung fahren. Die Widerstandskämpfer erwarteten uns... Und mir kamen die ersten Tage, die Karmapa in Tsurphu verbrachte, wieder ins Gedächtnis.

Am Tag nach seiner Ankunft – am 16. Juni 1992 – wachte Apo Gaga schon vor der Morgendämmerung auf, schaute sich in seinen Räumen um, die sich in der dritten Etage im wiederaufgebauten Teil des Klosters befanden, und ging dann zum Tempel, wo er seinen Privatlehrer traf. Der junge Tulku setzte sich zu den Mönchen, um zu beten.

Gleich nach ihrer Ankunft in Dharamsala am 9. Juni hatten Tai Situ Rinpoche und Gyaltsab Rinpoche um eine Privataudienz beim Dalai Lama gebeten. Unglücklicherweise befand sich das Oberhaupt der tibetischen Exilregierung in Brasilien auf einem Gipfeltreffen in Rio, der ersten internationalen Umwelt-Konferenz. Die beiden Lamas schickten dem Dalai Lama ein Fax, in dem sie Seiner Heiligkeit mitteilten, dass sie die Reinkarnation des sechzehnten Karmapa gefunden hatten und ihn baten, ihre Wahl zu bestätigen. Die Antwort des Dalai Lama ließ nicht lange auf sich warten: Apo Gaga war der siebzehnte Karmapa.

Am 27. Juni wurde der junge Karmapa auch von der Regierung der Chinesischen Volksrepublik anerkannt. Deng Xiaoping, Hauptverantwortlicher der repressiven Politik in Tibet, konnte sich eine solche Gelegenheit nicht entgehen lassen: Die Kommunisten dachten an den politischen Nutzen, den sie aus dieser eigentlich rein geistlichen Angelegenheit ziehen konnten, und wollten rechtzeitig Kontrolle über den dritthöchsten Führer des tibetischen Buddhismus gewinnen. Die örtlichen Behörden bestimmten einen gewissen Herrn Liu zum „weltlichen" Erzieher von Apo Gaga in Tsurphu.

Am 30. Juni schickte der Dalai Lama einen mit seinem Siegel verschlossenen Brief an Tai Situ Rinpoche und Gyaltsab Rinpoche. Einige Tage vorher war das Orakel von Nechung in Trance gefallen und hatte bestätigt, dass die Prophezeiung des sechzehnten Karmapa in Tibet eingetroffen war. Also beantragten die beiden Lamas ein Visum, mit dem sie in ihr Geburtsland zurückkehren konnten. Peking erteilte ihnen rasch die Genehmigung: Einen „lebenden Buddha" in Tibet zu haben – den ersten seit der Invasion 1949 –, der zudem vom Dalai Lama anerkannt wurde, war eine Trumpfkarte in ihrem politischen Spiel, das voller Verderbtheit, Lügen und Korruption steckte.

Auf Tai Situ Rinpoche und Gyaltsab Rinpoche wartete in Tsurphu eine schwierige Aufgabe.

Weil die Lama-Astrologen des Klosters und die Orakel diesen Tag als günstig ansahen, fand die erste Zeremonie am 2. August in Lhasa statt. Der siebenjährige Karmapa wurde in der Hauptstadt überaus herzlich empfangen. Entlang der Strecke, die der Festzug nehmen sollte, drängten sich die Bewohner Lhasas, mehrere hundert Mönche und zahlreiche Beobachter aus westlichen Ländern.

Im Jokhang-Tempel brannten Tausende von Butterlampen und warfen Schattenbilder auf die Fresken an den Wänden. Die Räume waren frisch gestrichen, und man hatte die Seiden- und Brokattücher erneuert, die um die Bilder des Buddha und der Gottheiten drapiert waren. Aber auch die Militärs waren in Alarmbereitschaft versetzt worden.

Die meisten Plätze im Inneren des Tempels waren für die chinesischen Funktionäre reserviert – einige waren eigens aus Peking angereist, unter ihnen der Minister für religiöse Angelegenheiten. Das Regime, das noch mehr Trümpfe im Ärmel hatte, wollte – jedenfalls bei dieser Gelegenheit – einen guten Eindruck auf die tibetischen Behörden, auf die Würdenträger der Bönpo[2] und auf die Repräsentanten der vier Übertragungslinien des tibetischen Buddhismus machen.

Apo Gaga verharrte lange vor der Statue des Jowo. Anschließend begannen Tai Situ Rinpoche und Gyaltsab Rinpoche mit der Zeremonie des Haareschneidens: Der Kopf des Kindes war kahl geschoren, aber man hatte eine kleine Haarsträhne übriggelassen, die Tai Situ Rinpoche bei dieser Zeremonie abschnitt; Gyaltsab Rinpoche sprenkelte anschließend geweihtes Wasser auf Karmapas Haupt.

Auch die Prophezeiung des Orakels aus dem Kloster Kalek war nun eingetroffen, und die beiden Tutoren verlasen den zukünftigen Namen von Apo Gaga. Ab seinem achten Lebensjahr würde der siebzehnte Karmapa *Pal Khyabdak Rangjung Urgyen Gyalway Nyugu Drondrul Trinley Dorje Tsal Chokle Nampar Gyalway De* heißen. Jeder dieser Namen hat eine tiefgehende Bedeutung im Dharma.

Als sie dem jungen Karmapa den Prophezeiungsbrief seines Vorgängers offenbarten, war Tai Situ Rinpoche und Gyaltsab Rinpoche deutlich anzusehen, wie sehr sie dieser Vorgang bewegte. Sie zeigten dem Jungen auch die Wahrsagung des Orakels von Nechung und die mit dem Siegel des Dalai Lama versehene Bestätigung der Inkarnation; außerdem übergaben sie ihm das *tsungdü* – das rote Segensband – und die persönliche Mala des Dalai Lama, ein Geschenk des Oberhauptes der Tibeter im Exil.

Bevor sich die chinesischen Funktionäre zurückzogen, grüßten sie den jungen Karmapa ehrerbietig mit einer Khata, und das Kind legte ihnen ebenfalls einen Seidenschal um den Hals. Der Auftritt der Kommunisten war genau geplant: Sie besaßen sogar die Dreistigkeit, sich leicht vor dem Kind zu verbeugen! Das Fernsehen filmte alles, anschließend wurde für die Fotografen posiert.

Die Zeremonien wurden ohne die Chinesen fortgesetzt, schließlich waren noch ungefähr dreihundert Würdenträger des tibetischen Buddhismus und zahlreiche andere Gäste anwesend. Die feierlichen Handlungen schlossen mit der Segnung der Gläubigen ab, die sehr viel Zeit in Anspruch nahm. Sie sollte später in Tsurphu fortgesetzt werden.

Indem er die Anerkennung des Karmapa durch den Dalai Lama gelten ließ, spielte Deng Xiaoping seine höchste Karte aus: die Anhänger des Buddhismus, ob westlicher oder asiatischer Herkunft, konnten nun in ihrer Heimat davon berichten, dass die Tibeter ihre Religion frei praktizieren durften.

Am 27. September waren im Tal von Dewolung mehr als zwanzigtausend Pilger versammelt. Auf der kaum drei Meter breiten

Schotterstraße rollten Hunderte von Autos – Lastwagen, Geländewagen und Kleinbusse –; dazwischen drängelten sich Fußgänger und suchten Reiter ihren Weg. Immer wieder kam der Verkehr zum Stehen. Es war unmöglich, aneinander vorbeizukommen, und nur die dreistesten Autofahrer verschafften sich die Vorfahrt, indem sie die anderen zwangen, zurückzustoßen, oder sie an die Seite abdrängten.

Seit seiner Ankunft in Tsurphu wachte ständig ein Sicherheitsdienst über Karmapa; die Wachleute waren in den Räumlichkeiten des Klosters untergebracht. An strategisch wichtigen Punkten wie Shigatse, Gyantse, Lhasa und weiteren Orten wurde Militär stationiert. In der unmittelbaren Umgebung des Klosters beobachtete die Polizei, was vor sich ging. Polizisten in Zivil mischten sich unter die Menge.

Auch aus dem Westen waren viele Buddhisten gekommen. Die meisten tibetischen Gläubigen, die sich in ihrer traditionellen Bekleidung prächtig ausnahmen, schliefen unter freiem Himmel, andere stellten Zelte auf. Amerikaner aus Miami, die der „Tsurphu-Stiftung" angehörten, errichteten ihr Zelt auf der Terrasse eines Gebäudes, in dem normalerweise Pilger einkehrten, das jetzt aber für hohe Staatsgäste reserviert war.

Die Geschäfte liefen auf Hochtouren. Bretter, die man auf Böcke gelegt hatte, dienten als Ausschank, hier und da waren Tische und Stühle aufgestellt. Auf engstem Raum verkauften die chinesischen und tibetischen Händler chinesisches Bier, Obstsäfte, Fertigsuppen, Coca Cola und Süßigkeiten… Die Verkäufer der Khatas – es waren mehr chinesische als tibetische – hatten sich vor dem Haupteingang und an verschiedenen anderen Plätzen in der Nähe des Klosters aufgestellt.

Die Gebetsfahnen flatterten im Wind. In den offenen Fenstern von Karmapas Wohnung bauschten sich die Vorhänge. Bereits seit einigen Tagen führten Tänzer direkt unter den Fenstern immer wieder Szenen unserer heiligen Opern auf. Das Publikum, getragen von Wellen der Emotion, drängte sich um sie. Eine Aufführung dauerte immer mehrere Stunden. Sie begann mit einer Pantomime, dann wurden die Bewegungen dynamischer. Tamburine, Oboen und Zimbeln begleiteten den Tanz, der symbolisch die schlechten Einflüsse vertreiben sollte.

Mehrmals hintereinander erkannte ich die Silhouette Apo Gagas auf dem Balkon im zweiten Stock: Er schaute sich die Tänzer an, während Tai Situ Rinpoche und Gyaltsab Rinpoche die letzten Vorbereitungen überwachten.

Immer mehr Leute trafen in Tsurphu ein. Viele Tibeter hatten Hunderte von Kilometern zurückgelegt, um an der Zeremonie teilnehmen zu können. Unterhalb eines kleinen Baches hatten Mönche einen Tisch aufgestellt und verteilten Plaketten. Diejenigen, die keine Plakette erhielten, durften den Haupttempel nicht betreten.

Plötzlich befiel mich große Unruhe. Da man in der Nähe des Klosters im Augenblick unmöglich zur Ruhe kommen konnte, kletterte ich halb den Jampa-Ri hinauf, den Berg, der Tsurphu überragte. Ich verspürte ein starkes Bedürfnis, allein zu sein. Die Einsiedelei des Karmapa befand sich knapp über mir.

Ich betrachte das blaue Himmelsgewölbe über mir
Und entdecke plötzlich, wie leer die Wirklichkeit ist…
Ich betrachte den Mond und die Sonne dort oben
Und entdecke plötzlich die Leuchtkraft des Geistes…
Ich betrachte die Bergspitze mir gegenüber
Und entdecke spontan unerschütterliche Konzentration…[3]

Als ich dieses Lied sang, dachte ich an Milarepa, dessen Texte ich immer wieder las. Seine Verse gaben mir mein inneres Gleichgewicht zurück.

Auf dem Rückweg begegnete mir ein seltsames Paar. Sie riefen mir ein freundliches „Tashi Dalek!" zu: So sagen wir Tibeter uns guten Tag. Ich freue mich immer, wenn ich fröhliche Menschen sehe. Diesen beiden war ihr Glück deutlich anzusehen. Sie hatten ihr Zelt ein wenig abseits aufgestellt. Vor allem der Mann weckte meine Neugier. Er hatte einen Fotoapparat in der Hand und schaute in alle Richtungen. Ein wenig seltsam sahen seine graumelierten Haare aus, die sein Gesicht wie einen Kranz umgaben und in einem spitzen Bart ausliefen. Ich konnte sie eine Weile beobachten, ohne selbst gesehen zu werden, denn ich hatte mich in dem felsigen Steilhang verborgen, in dem ich zuvor meditiert hatte. Sie waren wirklich seltsam, dieser Mann und diese Frau! Er war so wenig greifbar wie der Rauch, der aus unseren Weihrauchfässern steigt – also nannte ich ihn „Weihrauchwolke"; seine Begleiterin schien viel mystisches Gedankengut in sich zu tragen und ich gab ihr den Spitznamen „Himmelswanderin".

Als ich wieder zum Kloster herabstieg, dämmerte es bereits. Man musste genau aufpassen, wo man hintrat; und von überall her kamen Geräusche: Hupen, Schreie, Lieder, Lachen, klagende Gebete …

Ein neuer Tag im Kloster brach an. Karmapa gesellte sich zu uns. Er setzte sich ganz fügsam hin und wartete auf den Fortgang der Ereignisse mit einer Ruhe, die mich an die unerschütterliche Ausgeglichenheit seines Vorgängers erinnerte. An diesem Morgen brachte man zuerst in den Tempeln den Gottheiten Opfergaben dar. Direkt im Anschluss würde Karmapa in seiner Wohnung seine Familie treffen, die ihm ihre guten Wünsche übermitteln wollte. Danach erklärten ihm Tai Situ Rinpoche und Gyaltsab Rinpoche ausführlich, was in den nächsten Tagen passieren würde. Das Ganze fand selbstverständlich unter der Aufsicht der örtlichen kommunistischen Behörden statt.

Die Sonne, die bereits das ganze Tal erleuchtet hatte, tauchte den Haupttempel in ein goldenes Licht. Die Menschenmenge draußen war noch größer als am Vortag. Die Einsiedelei wurde vom Nebel verhüllt.

Als ich zum Fluss ging, sah ich „Weihrauchwolke" und „Himmelswanderin". Sie hatten sich mit ihren neuen Khatas ans Flussufer gesetzt. Er machte Fotos; ihr Gesicht leuchtete, als sie mich sah und sie grüßte lächelnd: „Tashi Dalek!"

Wer waren diese Unbekannten? Zweifellos kamen sie von weit her. Aber ich hatte mich schon an sie gewöhnt. „Weihrauchwolke" war gewitzt wie ein Affe. Mit ausdruckslosem Gesicht kletterte er überall herum und verschoss dabei viele Filme. „Himmelswanderin" fühlte sich mehr von den kostbaren Kleidern der Tibeter und Tibeterinnen angezogen; die Frauen trugen lange Ohrringe mit riesigen Türkisen. Sie warteten würdevoll, aber mit wachsender Ungeduld auf die Inthronisation des siebzehnten Karmapa. Auch die Pferde der Khampa-Reiter waren wunderschön mit Brokat, Seide und Satin geschmückt.

Niemals werde ich vergessen, wie viel Güte und Mitgefühl „Himmelswanderin" ausstrahlte. In ihrer Nähe flitzten Kinder herum; sie kamen mir seltsam verletzlich vor. Es waren fünf, acht, zehn… Sie bespritzten sich mit Wasser, rannten um die Leute herum, die picknickten, und liefen schreiend wieder weg. Ihr Geschrei erfüllte die Luft. Sie waren unachtsam, wie Kinder eben sind. Wenn man diese Kinder beobachtete, schien es kaum fasslich, dass unser Volk so sehr litt. Doch ihre Unbekümmertheit überdeckte nur die Spannung, die von Stunde zu Stunde wuchs.

Für einen Augenblick flogen zwei Adler vor die Sonne und ihr Schatten fiel auf die Kinder.

Es ist eigenartig, wenn man ein historisches Ereignis miterleben darf und es am Abend noch einmal Revue passieren lässt. Beim Einschlafen kamen mir viele Bilder ins Gedächtnis. Waren sich die vielen Menschen, die durch Tsurphu gelaufen waren, wirklich bewusst, was sich dort vor wenigen Jahrzehnten ereignet hatte? Ich versetzte mich in frühere Zeiten und Räume, um meine Landsleute wiederzufinden.

⸻ ◆ ⸻

Schreckliche Bilder stiegen in mir hoch. In den sechziger Jahren hatte sich die Situation in der Provinz Kham und im übrigen Tibet von Jahr zu Jahr verschlimmert. Die Soldaten der Volksbefreiungsarmee hatten zahlreiche Klöster zerstört und die Mönche lebendig begraben; die Bewohner ganzer Dörfer wurden zwangsumgesiedelt. Überall herrschten Not und Hunger. Die Korruption blühte. Auch Tibeter waren daran beteiligt – einige hatten sich mit dem chinesischen Totalitarismus verbrüdert. Wir waren von nun an die Unterdrückten und hatten uns der Besatzungsmacht zu unterwerfen. Die Chinesen nahmen sich alle Rechte heraus, denn in ihren Augen waren wir eine „rückständige Rasse". Die Repression durch die Polizei und das spurlose Verschwinden von Menschen gehörten zum Alltag.[4]

Ich bin ein Augenzeuge der damaligen Ereignisse, denn meine Familie war unter den Opfern der „ethnischen Säuberung" in Tibet.

Anfang der sechziger Jahre baute der Dalai Lama die Exilregierung in Dharamsala auf; und der sechzehnte Karmapa lebte seit 1960 im Kloster Rumtek, das der Sitz der Karma-Kagyü in Sikkim wurde.

Im Jahre 1966 entfesselte Mao Tsetung die Kulturrevolution. Fünfzig Millionen Rote Garden strömten in unser Vaterland[5], sie zogen durch die Straßen der Städte und Dörfer, um eine riesige Hexenjagd zu veranstalten: Die „vier alten Hüte" sollten für immer ausgelöscht werden: das alte Gedankengut, die alte Kultur und die traditionellen Sitten und Gebräuche. Die Roten Garden zerstörten alles, was nicht vom maoistischen Denken durchdrungen war; die Bevölkerung wurde als „konterrevolutionär" betrachtet und terrorisiert.

Im August 1966 fielen die Roten Garden in Lhasa ein. Sie machten alles nieder, was in ihren Augen „schlecht" war. Sie hinterließen Tod und Zerstörung und vollendeten das von der Volksbefreiungsarmee begonnene Werk der kulturellen Ausrottung durch die systematische Plünderung der Heiligtümer – sofern es überhaupt noch etwas zu plündern gab. Was man nicht wegtragen konnte oder was in ihren Augen wertlos war, wurde verbrannt oder diente als Dekoration in den Pissoirs. Der Jokhang – der Tempel, den wir am meisten verehren – wurde damals zu einem Schlachthaus und zu einer öffentlichen Toilette umfunktioniert, wo sich unsere Besetzer erleichterten.

Während sie die tibetische Bevölkerung „einer Läuterung unterzogen", sangen sie überall:

> *Der Orient ist rot*
> *Die Sonne erhebt sich über China*
> *Wo Mao Tsetung erschienen ist.*
> *Präsident Mao liebt das Volk*
> *Er ist unser Führer.*

Zehn Jahre später, also 1976 – Mao war gestorben und die Roten Garden nach China zurückgekehrt –, war das böse Werk vollbracht: von mehr als sechstausend Klöstern stand noch etwa ein Dutzend.

Auch nach Tsurphu kamen die Roten Garden. Sie schwenkten wie eine Waffe das Symbol ihrer sinnlosen Grausamkeit: das „Kleine Rote Buch".

In diesen Nächten vor der Inthronisierung des siebzehnten Karmapa erlebte ich diese Szenen von neuem im Traum. Ich hatte sie für längst vergessen gehalten. Aber wie hätte ich die Grausamkeiten, deren Zeuge ich war, vergessen können? Ich hatte das Stöhnen der Mönche gehört, die gefoltert wurden, bei lebendigem Leib gehäutet, gekreuzigt... Ihre Mönchsroben hingen ihnen in blutigen Fetzen vom Leib. Und dieses Jammern, dieses Stöhnen und Schluchzen, das noch aus dem Massengrab kam, in dem die Leichname in grotesken Verrenkungen übereinander lagen. Die Leichen, die im Fluss trieben... Ich sah die leidenden Gesichter; die umherirrenden Blicke, die Augen, in denen das Entsetzen stand; ich sah, wie sie sich mit den Händen an ihre Schlächter klammerten – die zum Teil noch keine zwanzig Jahre alt waren –, und um einen schnellen Tod baten.

Man wird niemals begreifen können, was sich in Tsurphu ereignete. Es war so ohne jeden Zusammenhang, es geschah so sinnlos!

Nachdem sie die Menschen vergewaltigt, gefoltert und gemordet hatten, war für die Roten Garden ihr schmutziges Geschäft noch nicht beendet. In der Regel sprengten sie die Gebäude anschließend mit Dynamit und bombardierten die Klöster.

Tsurphu bestand nur noch aus Ruinen ... wie tausend andere Orte in Tibet.

An den Tagen vor und nach seiner Inthronisation am 27. September 1992 in Tsurphu zeigte sich Karmapa mehrmals in der Öffentlichkeit. Dabei wurde er ständig von seinen beiden Lehrern Tai Situ Rinpoche und Gyaltsab Rinpoche, einigen hochgewachsenen Mönchen – der Sicherheitsdienst – und mehreren chinesischen Beamten begleitet. Die Nachricht, dass Karmapa da war, verbreitete sich jedes Mal wie ein Lauffeuer: Dann kam Bewegung in die Menge, es gab ein großes Gedränge. Der Junge vollzog eine Reihe ritueller Handlungen und segnete die Gläubigen. Maskierte Tänzer stellten ein Bild unserer heiligen Oper nach:

Einer von ihnen bot Karmapa in einer Schale von der Milch des Schneelöwen an und er trank sie mit einem Zug aus.

Am 27. September regnete es in der Frühe. Die Luft war kühl und der Himmel mit Wolkenfetzen bedeckt. Eine dünne Schneedecke hatte die Berge überzogen. Die Einsiedelei war ganz weiß, und es sah aus, als ob sie von hunderttausend Edelweiß umgeben wäre. Ziemlich genau um acht Uhr ging die Sonne auf, und den ganzen Tag über war herrliches Wetter. Die Götter waren mit uns!

Die Menschen trafen schon im Morgengrauen die ersten Vorbereitungen für den Tag. Ich mischte mich unter sie. Vor dem Haupteingang des Klosters bildete sich eine endlose Schlange. Nur wenige Stufen führten zum Eingangsportal; die riesigen Türen zum großen Versammlungssaal waren geschlossen. Sie wurden von zwei riesigen, grimmig aussehenden Mönchen bewacht, die einen Knüppel trugen. In und um Tsurphu drängten sich mehr als zwanzigtausend Gläubige. Alle Eingänge wurden streng kontrolliert: Es gab Leute mit Plaketten, und es gab die übrigen, die leider keine Plakette hatten, darunter viele Tibeter.

Die Türen öffneten sich. Ein lautes Stimmengewirr erhob sich. Die Menschenschlange draußen – sie war mehrere hundert Meter lang – geriet plötzlich in Bewegung. Sie formte Wellen, und das Bild erinnerte mich an das Fluten des Wassers unserer Seen. Es wurde geschoben, die Menschen versuchten sich unter Einsatz der Ellenbogen gegenseitig nach rechts und links aus der Schlange hinauszudrängen. Aber die Wächter des Tempels waren wachsam und ließen ihre Prügel auf diejenigen niedergehen, die keine Plakette trugen.

In diesem Augenblick sah ich sie wieder: „Weihrauchwolke" mit seinem Fotoapparat und einer Khata und „Himmelswanderin" mit ihrem Zeremonienschal. Ich freute mich für sie, dass sie ohne aufgehalten zu werden durch die Tür gekommen waren.

Die Mönche, die allmählich den Überblick verloren, erwischten mit ihren Schlägen hin und wieder auch den Kopf des einen oder anderen Besuchers. „Weihrauchwolke" drehte sich zu einem Ausländer um – es war ein Australier mit Plakette –, der gerade einen Schlag mit dem Knüppel abbekommen hatte. „Die Gesetze des Karma sind hart!" sagte er laut. „Der Knüppel ist es auch!" antwortete der Australier und zeigte ihm die Beule an seiner Stirn – ein Dialog, über den in den buddhistischen Schulen meditiert werden könnte.

Alle Menschen im schönen Tal von Tolung, wo unser Kloster steht, wurden von einer Welle der Begeisterung fortgerissen.

Ein Mönch trug Karmapa durch den Tempelsaal. Der Junge setzte sich auf den Thron, der mit Brokatkissen ausgepolstert war. Tai Situ Rinpoche und Gyaltsab Rinpoche stellten sich neben ihn.

Entsprechend unserer Tradition wurden Karmapa symbolisch glückverheißende Opferungen dargebracht und seine Tutoren beteten für ein langes Leben. Diener betraten die Versammlung und boten Tee, süßen Reis und in Öl gebackene Kuchen an – *khabse*. Den ganzen Tag lang wurden Rituale vollzogen: heilige Gesänge, Gebete, Anrufungen. Nichts konnte Karmapa aus der Ruhe bringen; nur zwei- oder dreimal nahm er seinen schwarzen Hut[6] vorsichtig ab und rückte ihn zurecht. Die übrige Zeit sah er sehr würdig aus.

Am Nachmittag versammelten sich fünfundzwanzigtausend Menschen vor dem Kloster, um Karmapas Segen zu empfangen: kommunale Amtsinhaber, religiöse Würdenträger, Schüler des Buddhismus aus allen Teilen der Welt und die einfachen Tibeter.

Karmapas Thron war durch einen hohen Tisch abgegrenzt von der Menge der vorbeiströmenden Gläubigen. Mit einem Stab berührte Karmapa leicht den Kopf der vorbeigehenden Personen, die sich vor ihm verneigten. Dann passierte etwas Seltsames. Die „Himmelswanderin" kam an die Reihe. Sie war vom Anblick des Jungen so fasziniert, dass sie vergaß, sich zu verneigen. Das gefiel Tai Situ Rinpoche gar nicht, und er flüsterte Karmapa etwas ins Ohr. Die Reaktion kam sofort: Karmapa berührte ihren Kopf kurz, aber fest mit seinem Stab.

Wenn ich daran denke, muss ich immer noch schmunzeln. Die „Himmelswanderin" hatte soeben gelernt, was Achtung und Bescheidenheit bedeuten; Regeln, die wir in Tsurphu für wichtig halten.

Anmerkungen

[1] Der Weg zum heiligen Berg, der auch Khang Rinpoche genannt wird, ist für die Tibeter ein klassischer Pilgerweg. Er ist der Schutzgottheit der Linie der Kagyu-pa, Korlo Demchok (Rad des höchsten Glücks), zugeordnet. Milarepa, der singende Eremit, hat dort zahlreiche Wunder vollbracht. Den Hinduisten gilt der Berg als Thron Shivas.

[2] Die alte tibetische Bön-Religion existierte bereits vor dem Buddhismus.

[3] Nach den *Hunderttausend Gesängen* des Milarepa. Die Übersetzung folgt dem französischen Text.

[4] Die tibetische Exilregierung hat folgende Zahlen veröffentlicht: Zwischen 1951 und 1983 starben 432 705 Tibeter bei Kämpfen; 342 971 Menschen wurden Opfer der Hungersnot, die im ganzen Land herrschte; in den Gefängnissen wurden 156 758 Menschen ermordet; 92 731 starben an den Folgen der Folter; 9002 begingen Selbstmord.

[5] Gemeint ist das Reich der Mitte.

[6] Dieser schwarze Hut ist nicht die berühmte Schwarze Krone, sondern eine weitere besondere Kopfbedeckung für zeremonielle Anlässe.

8

Die Schätze des Berges

Wir fürchteten uns vor dem, was uns in den nächsten Stunden bevorstand. Wie beindruckend hoch die Berge waren, hatten wir bereits am eigenen Leib erfahren; und uns war auch klar geworden, welche Risiken wir eingingen, wenn wir den Distrikt Mustang im nördlichen Nepal direkt ansteuerten. Der kleinste Fehler könnte katastrophale Folgen haben – vor allem in dieser Jahreszeit. Schon als wir uns auf die Flucht vorbereiteten, war es beschlossene Sache gewesen, dass wir die üblichen Passstraßen, die zur nepalesischen Grenze führten, nicht benutzen würden. Größte Vorsicht war angebracht: Die „Brücke der Freundschaft" – für uns ein zynischer Name – wurde sehr gut bewacht. Nachdem unsere Flucht entdeckt worden war, hatte man die Kontrollen an den Grenzen bestimmt verschärft. Außerdem zogen dort nepalesische Räuber umher, die tibetische Flüchtlinge überfielen und sie gegen klingende Münze der chinesischen Polizei übergaben.

Bis jetzt hatten wir uns in der Fahrgastzelle des Mitsubishis einigermaßen sicher gefühlt. Nun mussten wir ihn am Straßenrand stehen lassen. Vor uns: steile Felswände, Bergspitzen, die bis in den Himmel reichten und ewiger Schnee. Aber wir hatten unser Schicksal selbst in der Hand. Die Partisanen hatten unsere Pferde sorgfältig vorbereitet und so ausgestattet, dass sie den Gefahren der Witterung im Himalaya einigermaßen standhalten konnten. Und die Khampas kannten sich mit Pferden aus.

Ich betrachtete kurz die Gruppe unserer Helfer. Sie wussten über den weiteren Ablauf unserer Flucht Bescheid, wir würden die Details erst später erfahren. Die Männer kannten sich im

Hochgebirge sehr gut aus, verließen sich aber im entscheidenden Moment auf ihre Intuition. Das Karma hatte sie zu uns geführt, und ich konnte in ihren Augen lesen, dass sie Angst hatten: Sie fürchteten um Karmapas Leben. Für diese Männer war Urgyen Rinpoche – neben dem Dalai Lama – eines der kostbarsten Wesen, Inbegriff des tibetischen Widerstandes.

Die Sonne wanderte weiter nach Westen und umspielte die Bergspitzen mit ihrem Licht. Wir mussten die vor uns liegende Felsmauer um jeden Preis überwinden. Wie unberührt die Gipfel dalagen – gerade so, als wollten sie unserer verrückten Unternehmung die Stirn bieten. Es war keine Menschenseele zu sehen. Aber wir fühlten uns von überall her beobachtet…

Wir brachen auf. Die vollkommene Stille in den Bergen machte uns am Anfang Angst. Aber schon bald entdeckten wir, dass es auch hier Geräusche gab, nur waren sie völlig verschieden von denen, die wir aus unseren Tälern und Ebenen kannten. Wir wählten einen Pfad, der schon lange nicht mehr benutzt worden war; er stieg steil zum Pass hin an, der sich hoch oben in 4000 Meter Höhe befand. Nach einer Stunde Marsch verlor sich der Pfad unter verharschtem Schnee.

Wir kamen nur sehr langsam weiter. Der Führer ließ uns nicht aus den Augen. Wir passierten mehrere heilige Orte: Gebetsfahnen, die vom Wind zerrissen waren, und „Mani"-Steine lagen verstreut am Boden. Jedes Mal, wenn wir anhielten und Karmapa vom Pferd stieg, um zu dem kleinen Hügel – oder was noch davon übrig war – zu gehen, hörte ich seine Stimme von weit her. Mein Hals war dann wie zugeschnürt. Als Kind habe ich meinen Onkel oft zu dem *chörten** auf dem Hügel neben unserem Haus begleitet. Dort ehrten wir die Toten. Nie wäre ich damals auf den Gedanken gekommen, dass ich mein Land jemals würde verlassen müssen.

In der Nacht glitzerten die Sterne über uns, der Mond war halb voll und es war zum Glück nur wenig Neuschnee gefallen. So konnten wir den riesigen Eisblöcken, die an den Felsen klebten, den Schluchten und Felsenkesseln gut ausweichen. Jetzt waren wir schon fast fünf Stunden unterwegs. Manchmal mussten wir absteigen, zu Fuß weitergehen und unseren Reittieren die Führung überlassen. An Steilhängen hielten wir uns an ihrem Schweif fest. Auf diese Weise wurden wir halb zum Gipfel getragen, geschoben und gezogen; manchmal pressten wir uns schwer atmend an den Körper unseres Pferdes. Wenn wir vor ihm gingen, legte es seinen Kopf auf unsere Schultern – auch die Tiere waren sich der Gefahr bewusst. Wir verschmolzen mit den Pferden zu einem einzigen Körper.

Als wir den ersten Pass erreicht hatten, kam starker Wind auf. Die Temperatur betrug minus fünfzehn Grad. Ich hatte Angst. Aber wir durften nicht zweifeln, sondern mussten unsere ganze Kraft darauf verwenden, vorwärts zu kommen. Den Schnee, der uns ins Gesicht peitschte, galt es bei diesem Wettlauf mit der Zeit ebenso zu ignorieren wie die Windböen. Wir schöpften neue Energie aus den Tiefen unseres Seins. Am Ende würde der Tod oder die Freiheit auf uns warten.

Der Wind wurde stärker und die Temperatur sank noch um einige Grade. Der Sturm heulte jetzt über uns. Als der Führer bemerkte, wie erschöpft wir waren, führte er uns in eine Höhle.

Aber unser Abenteuer hatte auch etwas Geheimnisvolles, etwas Feierliches. Während sich der Führer um unsere Pferde kümmerte, beobachtete ich Karmapa, der sich mit geschlossenen Augen auf seine Mantras konzentrierte. Er war zugleich anwesend und abwesend. Ich fragte mich, ob er genauso wie wir unter den Frostbeulen litt und unter der Kälte, die unsere Körper durchdrang. Jedenfalls trug ihn eine unsichtbare Kraft über die unendliche Weite des Himalaya hinweg, etwas, das wir einfachen menschlichen Wesen nicht wahrnehmen, das wir uns nicht einmal vorstellen konnten. Seine Gedanken verschmolzen mit dem Geist Tai Situ Rinpoches, seines wichtigsten Tutors, außerdem mit dem Wissen aller früheren Karmapas. Tatsächlich können die Gedanken des Lehrmeisters und seines Schülers zusammenfließen wie „Wasser, das in Wasser gegossen wird". Für Karmapa lag es im Bereich des Möglichen, das Leiden hinter sich zu lassen und sich über alle irdischen Gipfel zu erheben. Zweifellos trug ihm der Wind das Lied von Milarepa zu, ja, er sang es ihm immer wieder vor:

Nachdem du alles aufgegeben hast, musst du gehen;
Es wäre wichtig, wenn du es gleich jetzt tust.
Deine sterbliche Hülle wird man wie eine Steinpyramide umstoßen,
Es wäre gut, sich schon jetzt darauf vorzubereiten.
Dein Geist wird sich in die Lüfte erheben wie ein Geier,
Es wäre gut, wenn er gleich jetzt durch die Lüfte schießt.
Wenn du meine Worte hörst und sie befolgst,
wirst du in den Segensstrom der Buddhas eintreten,
Du wirst die Lehren der mündlichen Überlieferung erhalten,
und du wirst deinen Weg finden, o Sohn...[1]

Mir fiel die prophetische Vision Chogyur Lingpas[2] wieder ein, der zwölften Wiedergeburt in einer Inkarnationslinie von „Schatzfindern" – den *tertön*. Es geschah im letzten Jahrhundert, zu Lebzeiten des vierzehnten Karmapa. Als Kind trug Chogyur immer einen *tsa-tsa** in seiner Chuba, auf den er sehr Acht gab. Als er die Tonfigur versehentlich doch einmal fallen ließ, ging sie zu Bruch, und er suchte die Scherben zusammen. Dabei entdeckte er ein winziges Papierchen, hob es mit großer Vorsicht auf und rollte es auseinander. Dort war eine Reihe von „Wissensschätzen" aufgelistet; nach ihnen sollte er sein ganzes Leben suchen. Nur ein Wesen wie er, das zu Großem auserkoren war, würde ihren versteckten Sinn entdecken können.

130

Als er das Kloster Karma im Osten Tibets besuchte, hatte Chogyur Lingpa eine Vision: Padmasambhava – wir nennen ihn meist *Guru Rinpoche* – ritt auf einem herrlichen Schneelöwen. Padmasambhava, der wichtigste Förderer des Buddhismus in Tibet, zügelte sein Reittier und offenbarte sich Chogyur Lingpa. Guru Rinpoche erschien in dieser Vision nicht allein. Er war von den vierzehn bisherigen Inkarnationen und von den sieben noch folgenden Wiedergeburten des Karmapa umgeben; alle stellten sich einer nach dem anderen Chogyur Lingpa vor und sprachen von ihren jeweiligen Aktivitäten.

Chogyur Lingpa konnte eine solche Vision nicht verschweigen. Er vertraute sich dem Abt des Klosters an, der ein Fresko an der größten Mauer des heiligen Ortes malen ließ. Außerdem ließ ihm der Abt ein Thanka malen, der alle einundzwanzig Inkarnationen des Karmapa darstellte. Erstaunlich ist, wie außergewöhnlich genau er folgende Szene beschrieb: „In den Bergen wächst in der Nähe der Felsen ein großer, üppiger Baum. Der siebzehnte Karmapa sitzt zusammen mit Tai Situ Rinpoche am Fuß des Baumes, ihre Gedanken sind eins."

In der Höhle kam es mir so vor, als ob der Geist Urgyen Rinpoches eins mit den Sternen geworden wäre. Er durchlebte die Reise des vierzehnten Karmapa in den Himalaya. Der endlose Horizont verlor sich in der verlassenen Weite, dort, wo das Gestein uneingeschränkter Herrscher ist und der Himmel erst in mehr als 4000 Meter Höhe beginnt.

Nachdem der vierzehnte Karmapa den Pass von Dolma in 5670 Metern Höhe überquert hatte, erhob sich vor ihm der Berg Kailash – Khang Rinpoche für die Tibeter –, die vollkommene Pyramide, der heiligste unter den heiligen Bergen, der aus seinem Zentrum seit vielen tausend Jahren geistige Schwingungen aussendet. Der vierzehnte Karmapa erfüllte seine Prophezeiung und ging den Pilgerpfad um den heiligen Berg. Auf diesem Weg traf er viele Tibeter. In einem schmalen Beutel führte er etwas zu essen mit, die Zutaten für den traditionellen Buttertee sowie einige kleine Zweige, mit denen er am Abend sein Feuer anzünden wollte. Er wanderte ohne Zelt. Trotz der Kälte würden er und seine Begleiter nur in ihre Chuba eingerollt unter freiem Himmel schlafen.

Damals erzählten die Tibeter, dass sie Karmapa gesehen hätten, wie er in einem Zelt mitten auf dem See Manasarovar meditierte. Nicht weit von dort gab es eine Höhle, in der ein Dämon lebte. In dem Moment, als Karmapa zusammen mit anderen Pilgern daran vorbeikam, löste der Dämon eine Lawine aus. Der vierzehnte Karmapa ließ sich nicht aus der Ruhe bringen, sondern blieb stehen und betrachtete ruhig die Felsen, die sich vom Berg gelöst hatten und ihn und die Pilger erschlagen würden. Da blieben die größeren Felsbrocken in der Luft hängen, die kleineren lösten sich in Nichts auf. Einige Zeit später kennzeichnete der vierzehnte Karmapa einen der riesigen Felsen für immer, indem er darauf den Abdruck seines Fußes hinterließ.

Ich dachte an den nahen Erfolg unserer Flucht und daran, wie er sich auf den Widerstand gegen die Übergriffe seitens der Chinesen auswirken würde...

In den neunziger Jahren hatten die örtlichen Behörden ihr Einverständnis für den Wiederaufbau von Tsurphu und für die Wiedereröffnung des Mönchskollegs gegeben. Im Gegenzug mussten die Mönche am politischen Unterricht teilnehmen. Seit seiner Inthronisation im September 1992 verbrachte Urgyen Rinpoche die meiste Zeit mit dem Studium. Aber ihm entging nichts von dem, was draußen vor sich ging. Herr Liu erklärte ihm die Wohltaten des Kommunismus und setzte ihn auf subtile Weise unter Druck, endlich die Glaubenssätze der Partei anzuerkennen.

Der Junge hörte ihm aufmerksam zu, ließ sich aber nicht täuschen. Auch die Mönche mussten regelmäßig die „Umerziehungs-Sitzungen" besuchen. Meist zogen sie sich bis spät in die Nacht hin, da sie erst im Anschluss an das normale Tagesprogramm im Kloster stattfanden.

Als sich eine Gelegenheit dazu ergab, berichtete ich Karmapa, was in Tsurphu wirklich vor sich ging. Es war ihm bereits aufgefallen, dass sich seit der Ankunft von Tai Situ Rinpoche und Gyaltsab Rinpoche mehr chinesische und tibetische Beamte als üblich im Kloster aufhielten. Die chinesischen Behörden hatten seinen beiden Lehrern erlaubt, ihm die traditionellen Lehren und Unterweisungen zu vermitteln – unter einer Bedingung: Sie durften dem Vaterland nicht schaden. Auch seine Tutoren hatten sich daran gewöhnt, dass sie in Tsurphu „unauffällig" überwacht wurden.

Die Chinesen wissen, dass das Wesentliche des tibetischen Buddhismus darin besteht, sich unter Anleitung qualifizierter Lamas über viele Jahre des Studiums hinweg geistig und spirituell weiterzuentwickeln. Karmapa erhielt eine Grundausbildung in Philosophie, Literatur und Meditation. Innerhalb der Ausbildung nahmen Mythologie, Musik, Gesänge und Tänze eine wichtige Rolle ein. Tai Situ Rinpoche und Gyaltsab Rinpoche gaben einen großen Teil der Lehren mündlich weiter. Aber der junge Tulku verbrachte auch viele Stunden mit Schreiben – Lama Nyima unterrichtete ihn in tibetischer Kalligraphie. Urgyen Trinley Dorje nahm an ausgedehnten Ritualen teil und leitete viele davon selbst an. Seine Lehrer führten ihn in die lange, bewegte Geschichte der Karma-Kagyü-Linie und ihre Prophezeiungen ein, vermittelten ihm die Geschichte des Volkes und waren gleichermaßen Vertraute für ihn. Einige von ihnen waren alte Hüter und Bewahrer der Kagyü-Tradition.

Für das totalitäre chinesische Regime war der Kommunismus die beste aller Religionen; nachdem es den Chinesen in der Vergangenheit aber nicht gelungen war, den Buddhismus auszulöschen, machten sie ihn zu ihrem Werkzeug: durch ihn konnten sie stärkeren Druck auf die Bevölkerung ausüben und die Menschen leichter mit der Volksrepublik China verschmelzen. Im Laufe der Zeit hatten die Verantwortlichen in Tsurphu das Ausmaß an Versuchen propagandistischer Einflussnahme, das Karmapa über sich ergehen lassen musste, drastisch erhöht. Eifrig priesen sie die Reformen der letzten fünfzig Jahre und wiederholten ständig ihre Botschaft:

„Früher besaßen die Leibeigenen nichts als ihren Schatten und konnten in der Gesellschaft außer ihrem Fußabdruck nichts hinterlassen. Doch im Laufe der letzten Jahre ist die ökonomische Entwicklung in Tibet vorangetrieben worden – die Zentralregierung will den sozialen Fortschritt –, was wiederum zu einer Verbesserung der Menschenrechte bei den ethnischen Minderheiten geführt hat. Die Tatsache, dass du in Tsurphu bist und das Vaterland aufrichtig unterstützt, ist für das Glück des tibetischen Volkes von großer Bedeutung."

Karmapa hörte zu. Mehrmals fragte er Herrn Liu:

„Warum erlaubt man mir dann nicht, meine geistigen Lehrmeister in Indien zu besuchen? Warum darf ich den Dalai Lama nicht treffen?"

Das ärgerte Herrn Liu und er sprach mit lauterer Stimme weiter. Die anderen Chinesen waren noch schlimmer, sie drohten:

„Du wirst niemals ein guter Kommunist! Wenn du in Tsurphu bleiben und deine Familie in der Nähe behalten willst, musst du deine Haltung und geistige Einstellung gegenüber dem Vaterland ändern!"

Dann erhoben sie ihre Vorwürfe:

„Der Dalai Lama missachtet die Rechte der Menschen in Tibet, er tritt sie mit Füßen, wenn er einem theokratischen Regime vorsteht, das sogar die Leibeigenschaft duldet; diese beiden Systeme, die man im alten Tibet walten ließ, sind grausam, barbarisch und rückständig... Deine Lehrer haben dich ein grundlegendes Gebot des Buddhismus gelehrt: ‚Du darfst nicht lügen'... Aber indem er absichtlich lügt, bricht der Dalai Lama dieses Gebot ständig. Sein einziges Ziel ist, unter dem Deckmantel der Religion das Vaterland zu spalten. Vergiss niemals: Das Volk, in dem alle Ethnien Tibets vereint sind, errichtet jetzt aus einem Herzen und einem Willen das neue Tibet. Norbu und du, ihr seid die Hoffnungsträger für das Vaterland."

„Ich werde den Panchen Lama, den ihr anstelle von Gendün Rinpoche ausersehen habt, niemals anerkennen."

„Das sind nicht deine Worte, das sind die Worte deiner Lehrmeister! Sie erzählen dir eine Menge Lügen!"

„Meine Lehrmeister sagen immer die Wahrheit!" rief Karmapa und deutete mit dem Finger auf seine Gesprächspartner. „Ich schulde euch mein Wort, aber das hat nichts mit ihnen zu tun! Und wer hat euch überhaupt erlaubt, ein Urteil über sie zu fällen und meine eigene Sicht der Dinge in Frage zu stellen?"

„Die Zeit, nur die Zeit wird uns Recht geben", antworteten sie lakonisch.

Peking schenkte Karmapa nach seiner Inthronisation ein Auto, und dem Kloster wurde ein Lastwagen zur Verfügung gestellt.

„Es wird dir bei deinen offiziellen Verpflichtungen nützlich sein", sagte der chinesische Volksvertreter. „Es ist ein Geschenk des Vaterlandes. Ich hoffe, dass du es sinnvoll einsetzt."

Das Kind antwortete nicht und vertiefte sich wieder in die Lektüre eines heiligen Textes. Von seinen Räumen führte eine Türe direkt in die Bibliothek. Es verbrachte dort Stunden mit der Lektüre von sehr alten Manuskripten – jenen, die hatten gerettet werden können.

Wenn er sich in die Einsiedelei oberhalb des Klosters zurückzog, war es nicht immer einfach, mit Karmapa auszukommen. Einmal meditierte er dort gemeinsam mit seinen Tutoren für zwei Tage und einen Vormittag. Plötzlich schien ihn die Wut zu packen. Als seine Tutoren einen Augenblick nicht aufpassten, war er schon draußen! Mit seiner kindlichen, aber tiefen Stimme schimpfte er und trat mit den Füßen nach allem, was in seiner Nähe war. Dabei löste sich ein großer Stein, brachte einen zweiten und dritten ins Rollen – und verursachte so einen kleinen Erdrutsch. Da entdeckte Karmapa, dass nur einige Schritte von ihm entfernt, etwas weiter unten in einer Mulde, die von den ersten Steinen freigelegt worden war, ein sorgfältig in ein Tuch eingerollter Thanka und andere heilige Gegenstände lagen. Sie waren dort in Sicherheit gebracht worden, bevor die Roten Garden Tsurphu zerstörten.

Ohne noch ein einziges Mal Zorn zu zeigen, brachte Karmapa seine Meditation zu Ende. Die heiligen Kunstwerke, die die Plünderungen völlig unbeschadet überstanden hatten, wurden ins wiederaufgebaute Kloster gebracht – aber sie riefen in uns viele schlimme Erinnerungen wach.

Wir vollzogen über einige Tage hinweg verschiedene Rituale. Ich war sehr bewegt und empfand unendliche Dankbarkeit für meine Lehrmeister.

Es kamen schöne Tage. Karmapa saß am liebsten am Fluss neben Tai Situ Rinpoche, dem „Herzenssohn" seiner vorhergegangenen Inkarnation.

„Zeig mir die Yaks!" forderte er diesen manchmal laut lachend auf.

Dann streiften sie durch die Gegend – immer unter strenger Bewachung. Karmapa hatte sehr schnell die Gerüche und Farben, ja, die ganze Atmosphäre, die im Tal von Drowolung und Tolung herrschte, in sich aufgenommen. Auf der anderen Seite des Berges lag ein anderes, größeres Tal. Wenn er mit seinen Lehrern zur Einsiedelei kletterte, rannte Karmapa manchmal voraus, um an einem felsigen Steilhang Halt zu machen und von weitem zu beobachten, wie die Nomaden ihre Yak- und Schafherden zu den Sommerweiden trieben. Er bewunderte, wie geschickt die Khampa-Reiter mit ihren Reittieren umgingen. Von seinen Gemächern aus konnte er sie manchmal am Fluss entlang reiten sehen.

Eines Tages, als er in der Morgendämmerung zu den Mönchen im Haupttempel gehen wollte, sagte er zu seinem Privatlehrer: „Heute Nacht habe ich von einem Damhirsch geträumt."

„Sein Weibchen ist die Hirschkuh, Rinpoche. Nach dem Vorbild der Bodhisattvas sind die Hirschkühe das Symbol des Mitgefühls, der Sanftheit und der Gewaltlosigkeit. Sie sind bekannt für ihre Fähigkeit zuzuhören – genau das, was ein Schüler lernen muss. Aber es reicht nicht aus, beim Unterricht nur zuzuhören. Man muss die Worte im Gedächtnis behalten, sie einordnen und ihre Bedeutung verstehen, und man muss häufig über sie nachdenken. Behalte die folgenden drei Regeln im Sinn: höre zu, denke nach und setze in die Tat um!"

Einige Tage später frühmorgens beobachtete Karmapa vom Fenster seiner Wohnung aus, wie Hirsche auf der anderen Seite des Hügels zur Tränke kamen; auch Hirschkühe und ihre Kälber waren darunter und sie ästen die ersten Gräser, die das beginnende Frühjahr hervorgebracht hatte. Als die Butterlampen angezündet wurden, verschwand die Herde. Das Kind lächelte, denn es wusste, dass die Hirsche wiederkommen würden.

Einige Monate nach Karmapas Inthronisation ereigneten sich in Tsurphu einige Phänomene, die westlichen Menschen seltsam vorkommen mögen, für uns Tibeter aber ganz vertraut sind. Am 11. April 1993 näherte sich Karmapa, der in der Nähe des Klosters spazieren ging, einem Felsen und versah ihn mit dem Zeichen seiner Hand.[3]

Das Gleiche passierte noch einmal am 1. März 1996. Drüpon Dechen Rinpoche, der für den Wiederaufbau des Klosters verantwortlich zeichnet, berichtete Ward Holmes im Mai von diesen Ereignissen – Holmes ist leitender Direktor der Tsurphu Stiftung:

„Seine Heiligkeit hatte beschlossen, den schwierigsten Rundweg um das Kloster zu gehen, den *Tse-Khor*. Sechzehn Mönche begleiteten ihn. Nachdem sie mehrere Stunden gelaufen waren, erreichten sie den heiligen Berg, den *Gyab-Ri-Thugje-Chenpo*. Seine Heiligkeit näherte sich einem riesigen Felsen und kennzeichnete ihn für immer mit seiner rechten Hand. Anschließend wollte er, dass wir weiter hinaufstiegen, bis zu einer Höhle, in der er vor kurzem meditiert hatte. Dieses Mal zeichnete er den Felsen, indem er den Abdruck von drei Fingern hinterließ…“

Ward Holmes äußerte sein Erstaunen, aber der Lama fuhr fort:

„Als die Gruppe sich in der Nähe des Meditationszentrums befand, das *Samten Ling* heißt, schrieb Seine Heiligkeit das Mantra *Karmapa Khyen No* nur mit Hilfe seiner Mönchsrobe in den Felsen. Lama Nyima – sein Lehrer für Schreibkunst – wollte mit der Hand über die wundersame dunkelrote Inschrift streichen. Unter den Augen der Mönche, die wie erstarrt dastanden, schrieb sich das Mantra weiter und war noch deutlicher zu lesen als zuvor.“

Zu Beginn des darauf folgenden Jahres träumte Karmapa von dem Hirschrudel, das er beobachtet hatte und das sich in einem Tal in der Nähe von Drowolung aufhielt. Viele Hirschkühe und ihre Kälber waren darunter. Bestimmt würde es wieder denselben Weg nehmen und seinen Durst am Fluss stillen! Als die Nacht endgültig hereinbrach, war auch der Traum des Kindes zu Ende.

Am Morgen danach segnete Karmapa Pilger, die sich auf der Durchreise befanden. Ein Khampa schenkte ihm einen wunderschönen Hirsch. Das Tier wurde in einem Gehege in der Nähe des Klosters untergebracht. Am nächsten Tag sagte Urgyen Rinpoche zu seinem Privatlehrer:

„Bald wird mich ein Hirsch besuchen.“

Kurz darauf verließ der Hirsch sein Gehege, betrat das Gebäude, stieg bis in den dritten Stock und kam in das Zimmer, in dem sich Karmapa gerade aufhielt. Das Gesicht des Jungen leuchtete vor Glück. Nachdem Karmapa den Hirsch lange gestreichelt und mit ihm gesprochen hatte, segnete er ihn, und das Tier ging wieder in sein Gehege zurück.

Anmerkungen

[1] Die Übersetzung folgt dem französischen Text von Marie-José Lamothe, a.a.O.

[2] Er wurde 1829 in Nangchen, im Osten Tibets, geboren.

[3] D.h. er hinterließ einen Handabdruck im Stein.

9

Thorung La – der Pass des Todes

Bald nachdem wir den Nyichung passiert hatten, den Grenz-
stein, der die Grenze zwischen Mustang und Nepal markiert, erreichten wir Lo Manthang. In der Nacht vom 30. zum 31. Dezember 1999 gönnten wir uns eine wohlverdiente Ruhepause und
widmeten uns ausführlich der Versorgung unserer Wunden und
Prellungen an Händen und Beinen. In aller Frühe brachen wir
wieder auf und ritten mehr als zwölf Stunden in südliche Richtung, zum „Kali Gandaki River Valley".

Wenn wir uns für den üblichen Weg entschieden hätten, den
die Händler und Trekking-Gruppen benutzen, wären wir mit Sicherheit ohne große Schwierigkeiten in Jomosom angekommen,
der Hauptstadt dieses Bezirks. Am Flughafen hätten wir problem-
los einen Linienflug nehmen können. Nur hätten wir dabei ris-
kiert, dass die nepalesische Polizei oder die Behörden auf uns
aufmerksam wurden. Wir beschlossen also, uns in zwei Gruppen
aufzuteilen.

„Wenn eine Gruppe scheitert, gelingt es vielleicht der anderen
zu entkommen", erklärte uns der Führer.

Karmapa und drei von uns würden Jomosom umgehen und
weiter östlich den Thorung La überqueren, auch „Todespass" genannt. Zum Glück war nur wenig Schnee gefallen – das kam uns
entgegen. Ein heftiger Wind heulte um unsere Ohren, er musste
eine Geschwindigkeit von etwa sechzig Stundenkilometern haben. Schneller als uns lieb war, mussten wir von unseren Reittieren absteigen.

Ich war zu sehr auf schnelles Vorankommen bedacht, und so
rutschte mein Pferd am Rand einer Gletscherspalte aus. Durch

welches Wunder es dem Tier gelang, sich wieder aufzurichten, weiß ich nicht. Es hätte mich bei seinem Fall mitreißen können.

Wir gingen sehr langsam weiter. Der Wind raubte uns die letzten Kräfte. Eine halbe Stunde nach dem Unfall ordnete der Führer eine Pause an; im Schutz einer Höhle konnten wir etwas essen, und unsere Reittiere durften sich ausruhen. Vor Kälte, Erschöpfung und auch vor Angst zitterten wir am ganzen Körper. Hände und Beine schmerzten höllisch; und die Schläfen pochten bei jedem Atemzug. In dieser Nacht fiel das Thermometer auf mehr als minus zwanzig Grad, und wir waren noch weit von unserem Ziel entfernt!

Kurz schoss mir der Gedanke durch den Kopf, dass es vielleicht ein Fehler gewesen war, über den Thorung La zu gehen. Ich legte mir folgende Erklärung zurecht: Wenn wir bei diesem Abenteuer ums Leben kommen sollten, dann musste es im Himalaya geschehen, auf dem Weg in die Freiheit.

Karmapa hatte in Tsurphu seine Freiheit im eigentlichen Sinne des Wortes verloren. Das galt auch für uns.

Mehrfach hatte Peking vor laufenden Fernsehkameras daran erinnert, dass Urgyen Trinley Dorje nicht nur von der Zentralregierung, sondern auch vom Dalai Lama anerkannt worden war. Bald bot sich den Kommunisten eine neue Möglichkeit, Karmapa für ihre Zwecke einzuspannen: Sie zwangen ihn, an der Inthronisationszeremonie für den „falschen" Panchen Lama teilzunehmen, die am 29. November 1995 im Jokhang-Tempel in Lhasa stattfand.

Als sich der Lama, der die Zeremonie leitete, Karmapa unter Verbeugungen näherte, gab ihm dieser eine Ohrfeige. Urgyen Trinley Dorje war damals gerade zehn Jahre alt. Der Beifall, den es für die Wahl von Norbu zum elften Panchen Lama gab, war übrigens „organisiert" – sein Vater gehörte der kommunistischen

Partei an. In Peking war man hocherfreut – es heißt die Ereignisse wären dort mit den Worten „Jetzt spielt die Zeit für uns" kommentiert worden.

Nach Karmapas Rückkehr aus Lhasa nach Tsurphu war der Skandal nicht mehr aufzuhalten. Bei einem Treffen mit Norbu weigerte sich Urgyen Trinley Dorje, sich vor dem „falschen" Panchen Lama zu verbeugen. Zur Strafe nahmen ihm die chinesischen Behörden das Auto, das sie ihm einmal geschenkt hatten, wieder ab.

Einige Monate vorher, noch im Jahr 1994, hatte Jiang Zemin den siebzehnten Karmapa nach Peking kommen lassen, um ihm zu sagen, wie schädlich sein Verhalten für das Vaterland war. Als er wieder aus China zurück war, hatte ich Karmapa genau berichtet, was vor vierzig Jahren passiert war. Er erinnerte sich sehr intensiv an das Jahr 1954 – es war für die Geschichte unseres Landes und für die Linie der Karma-Kagyü sehr einschneidend gewesen. Seine sechzehnte Inkarnation war damals auf Einladung Mao Tsetungs ebenfalls in die chinesische Hauptstadt gereist; Karmapa hatte den heutigen Dalai Lama und den Panchen Lama begleitet.[1]

Am Ende der Ersten Nationalen Volksversammlung am 15. Juli 1954[2] in Peking war Mao zum Staatsoberhaupt der Volksrepublik China gewählt worden. Er legte Wert darauf, sich sehr bald mit dem Dalai Lama und anderen geistigen Führern Tibets zu treffen.

Als sich diese Neuigkeit in der Hauptstadt Lhasa und in Shigatse, dem Sitz des Panchen Lama, sowie in Tsurphu, wo Karmapa lebte, verbreitete, bekam die Bevölkerung Angst und wollte die Reise verhindern. Umsonst…

Am Flussufer des Khyi-Chu wurde für den Dalai Lama eine Abschiedszeremonie ausgerichtet, bei der seine gesamte Regierung anwesend war. In Shigatse fürchteten die Bewohner und vor allem die Mönche, dass sie die Inkarnation des Panchen

Lama erst in ferner Zukunft wiedersehen würden, denn sein Vorgänger war der Gegend lange Zeit fern geblieben. Vor seiner Abreise fanden zahlreiche Zeremonien statt, ebenso wie in Tsurphu.

Der Dalai Lama hatte Lhasa am 11. Juli 1954 verlassen, vier Tage vor der Wahl Mao Tsetungs. Der Panchen Lama trat seine Reise erst fünf Tage später an. Auch Karmapa brach erst zu diesem späteren Zeitpunkt auf. Die Nationale Volksarmee begleitete die Delegationen; die Überwachung war allerdings überflüssig – schließlich hielt die Armee unser Land seit 1949 besetzt. Die drei geistigen Führer trafen sich am 1. September in Shanxi. Dort nahmen sie einen Sonderzug nach Peking, wo sie von Zhu De, dem Vizepräsidenten, und Zhu Enlai, dem Ministerpräsidenten, empfangen wurden.

Man brachte die tibetischen Delegationen an unterschiedlichen Orten unter: Der Dalai Lama, der Panchen Lama und Karmapa sollten keine Gelegenheit bekommen, sich untereinander auszutauschen. Die Begrüßungsrede von Zhu De am Abend ihrer Ankunft beseitigte die letzten Zweifel: Unverhohlen drückte der Vizepräsident der Volksrepublik China seine Freude darüber aus, dass die Tibeter sich dem chinesischen Vaterland angeschlossen hatten.

Das erste Treffen zwischen dem Dalai Lama, dem Panchen Lama und Mao Tsetung fand am 11. September statt. Als der „Große Steuermann" seine Freude darüber äußerte, die Emanationen von Chenresig, dem Bodhisattva des universellen Mitgefühls, und von Amitabha, dem Buddha des unermesslichen Lichts, zu empfangen, äußerte er:

„Bin ich nicht selbst die Emanation des Bodhisattva Manjushri?!"[3]

Dieser zweifelhafte Scherz hatte einen gewissen Wahrheitsgehalt: Mao Tsetung hatte mit diesen Worten seine Absicht angedeutet, das kaiserliche Erbe anzutreten.

Vor der Rückkehr nach Tibet – es waren inzwischen einige

Wochen vergangen –, stand noch ein letzter Besuch auf dem Programm. An jenem Abend war es bereits sehr spät geworden, als sich Mao verschwörerisch zum Dalai Lama hinüberbeugte:

„Die Religion ist Gift. Die Mönche und die Nonnen bleiben unverheiratet, also bremst die Religion das Bevölkerungswachstum; und sie verschließt sich der Weiterentwicklung."[4]

Am Tag nach dieser Unterhaltung wirkte Mao sehr gereizt. Er zündete sich in Gegenwart der drei Lamas eine Zigarette an und schleuderte ihnen ins Gesicht:

„Ich habe dem Dalai Lama gestern erklärt, dass ich nur ein bescheidenes Gehalt beziehe, aber viele Kosten habe: Ich rauche, trinke Tee und muss mir viele Bücher kaufen; also bleibt mir nur wenig Geld übrig. Wenn ihr jetzt abreist, habe ich kein Geschenk für euch. Ich kann euch nur diese wenigen Worte mitgeben: Einheit, Fortschritt und Weiterentwicklung."

Die Botschaft war klar. Allein während des Aufenthaltes des Dalai Lama, des Panchen Lama und des Karmapa war in den Hochöfen tonnenweise Stahl produziert worden; genügend Material, um Bahngleise zu bauen, die neuerdings das Land durchzogen; genügend Material auch, um Staudämme und Kanäle zu bauen und die Flüsse umzuleiten.

Die Volksrepublik China hatte das Oberhaupt der Tibeter und die beiden anderen geistigen Führer in erster Linie eingeladen, um sie zu beeindrucken und um ihnen vorzuführen, worauf Mao und seine Mitstreiter so stolz waren.

Damals war der Dalai Lama neunzehn und der Panchen Lama sechzehn Jahre alt; Karmapa war mit einunddreißig Jahren der älteste der drei.

Weniger als ein Jahr später gewährte China dem Panchen Lama ein Maß an politischem Einfluss, das keiner seiner Vorgänger besessen hatte. Aber in Kham und Amdo begann die Volksbefreiungsarmee gleichzeitig damit, unser Land zu zerstören. Der unverrückbare Entschluss der chinesischen Kommunisten zur

Umwandlung der tibetischen Gesellschaft führte zunächst in diesen beiden Provinzen zu einem Aufstand, und versetzte später unser ganzes Land in Aufruhr.

Noch während seines Aufenthaltes in der chinesischen Hauptstadt hatte der sechzehnte Karmapa eine Vision: Sein Tutor, Tai Situ Rinpoche, der 1952 gestorben war, hatte sich von neuem inkarniert. Unverzüglich schickte er die nötigen Anweisungen zum Kloster von Tai Situ in Palpung, einem der wichtigsten Klöster im östlichen Tibet. Das Kind wurde noch vor Karmapas Rückkehr gefunden. Als man es ins Kloster brachte, erkannte es sogleich seine Mönche wieder.

Einige Jahre danach – 1959 – sollte Tai Situ Rinpoche den sechzehnten Karmapa ins Exil begleiten. Der „Herzenssohn", der heutige Lehrer von Urgyen Rinpoche, war damals fünf Jahre alt.

---

1. Januar 2000 ... Hatten Karmapas Geist und der von Tai Situ Rinpoche sich noch einmal vereint? Es war der junge Karmapa, der uns mit wenigen Worten Mut machte für diese letzte Etappe zu Pferd durch den Himalaya. Wenn nur nichts dazwischen kam! Der Ritt sollte uns in den Bezirk von Manang führen, wo wir gegen Abend ankommen wollten.

Wir erreichten unser Ziel wohlbehalten.

Die Nacht vom 1. auf den 2. Januar verbrachten wir in einer Unterkunft, die normalerweise von Trekking-Reisenden benutzt wird, die den Annapurna besteigen wollen.

Bevor er in einen tiefen Schlaf fiel, schrieb Karmapa die folgenden Zeilen seines Wunschgebetes *Freudiges Streben*:

Wunsch für Tibet:
Wie eine Kette duftender Blumen
Liegen diese verschneiten Gipfel kühl und friedlich da.
In einem heilenden Land, wo sich weißer Weihrauch fein erhebt,
möge der zarte Glanz leuchtender Mondstrahlen
jede Zwietracht, die Dunkelheit der Schattenseite besiegen!

Wenn weiterhin alles gut gehen würde, könnte er morgen den Schluss dieses Liedes schreiben – ein Lied, so klar wie das Wasser eines Gebirgsbaches.

Wir wachten schon bei den ersten Sonnenstrahlen auf. Der letzte Abschnitt unser Reise durch den Himalaya begann.

Ich malte mir aus, was gewesen wäre, wenn wir in Tsurphu geblieben wären… Ich biss mir vor Schmerz auf die Lippen, mir wurde übel und meine Eingeweide zogen sich zusammen. Karmapa hätte unter einem Regime, das sich ausschließlich auf Hass und Korruption gründete, kaum Überlebenschancen gehabt; und noch weniger Gelegenheit, seine Aufgabe als erleuchtetes Wesen zu erfüllen. Es fiel mir schwer, die Bilder, die von mir Besitz ergriffen hatten, wieder abzuschütteln. Mein Kopf tat weh, mein Hals war wie zugeschnürt und ich hätte am liebsten geweint.

Ich spürte, wie jemand mit seinem ganzen Gewicht auf meine Schultern drückte und drehte mich um. Aber da war niemand – nur Karmapas Blick war auf mich gerichtet! Seine schwarzen Augen drangen wie ein Schwert durch mich hindurch. Wieder hatte mich diese andere Welt berührt, zu der die meisten Menschen keinen Zugang haben. Es brauchte keine Worte Karmapas, um mich zu trösten.

Noch an diesem Morgen mieteten wir einen Helikopter, so wie es üblicherweise jede Trekkinggruppe gemacht hätte. Wir konnten sofort einsteigen. Die Rotorblätter begannen sich zu drehen, die

Maschine hob vom Boden ab, drehte sich einmal im Kreis und flog talwärts, Richtung Kathmandu.

Karmapa fixierte einen für uns unsichtbaren Punkt am Horizont. Wir fühlten ihn mehr, als dass wir ihn sahen, den „Pass des Todes", Thorung La, und weit weg, im Norden, noch hinter dem Horizont, lag unser Land mit seinem Leid.

Wenn ich an all jene dachte, die wir zurückließen, fühlte ich mich sehr unwohl. Würde ich sie wiedersehen? Würde ich jemals nach Tsurphu zurückkehren?

> *Der Gesetze dieser Welt überdrüssig,*
> *Hilft der starke Glaube, Entschlüsse zu fassen,*
> *Es ist schwer, die Bindung an das Vaterland aufzugeben;*
> *Hat man jedoch das Land seiner Vorväter hinter sich gelassen,*
> *Legt sich der Zorn.*
> *Es ist schwer, die Liebe zu den Eltern*
> *Und zu den Verbündeten zu unterdrücken;*
> *Hat man sich jedoch aus ihrer Nähe entfernt*
> *Löst sich der Schmerz...*[5]

Diese Verse sang Milarepa auf dem Berg Kailash.

Karmapa beugte sich leicht nach vorne, um einen letzten Blick in Richtung Tibet zu werfen. Der Helikopter flog über die lange Kette der Himalayaberge, glitt steile Felswände entlang und überquerte verschneite Bergkämme. Wir sahen Gebirgsbäche, die abwärts stürzten und Flüsse, die sich auf die Täler zu schlängelten. Wir malten uns das Land der Freiheit aus, das noch fern von uns lag.

Wenn die Karmapas Regenbögen erscheinen lassen können, wenn sie Edelweiß auf unsere ausgetrockneten Ebenen regnen lassen, Unwetter und Epidemien aufhalten und Blinden ihr Augenlicht zurückgeben können, dann sind sie auch zu Weissagungen fähig. Genau das tat der fünfte Karmapa, als er über die Enttäuschungen und dunklen Ereignisse zur Zeit seiner sechzehnten und siebzehnten Inkarnation nachdachte.

... in der Linie der Karmapas, von der sechzehnten bis zur
*   siebzehnten Inkarnation,*
Werden die buddhistischen Lehren im Allgemeinen und die
*   Karma Kamtsang-Linie im Besonderen*
Winterschlaf halten, wie die Bienen es tun.
Die Dynastie des chinesischen Kaisers wird verlöschen
Und sein Land wird der Stärkste beherrschen.
Von Norden bis Osten wird Tibet besetzt werden,
eingekreist wie der Diamant, den man einfasst...
Was du auch tust, ist falsch,
Derjenige, an den du dich um Hilfe wendest, wird sich gegen
*   dich stellen.*
Die guten Sitten werden aussterben und schlechte die Oberhand
*   gewinnen...*

In der Folge der Karmapas, gegen Ende seines sechzehnten Lebens
Und am Anfang des nächsten, wird jener auftauchen,
der das samaya* gebrochen hat
als der Lama, der Na-tha genannt wird.
Er wird den Thron besteigen.
Durch die Macht seines Strebens, das niemand begreifen kann,
wird der Dharma des Karmapa fast gänzlich zerstört werden.
Zu dieser Zeit wird einer mit positiver Aspiration aus früheren
*   Leben,*
eine Emanation von Padmasambhava, von Westen kommen.

In Pelz gehüllt und mit flinkem und kämpferischem Geist,
wird er zornvoll die Worte des Dharma verkünden.
Jener, der ein sonnenverbranntes Gesicht und vorstehende
*   Augen hat,*
Wird die Emanation besiegen, die das samaya gebrochen hat.
Er wird Tibet eine Zeit lang beschützen.
Und in dieser Zeit wird Glück erlebt, wie man es empfindet,
*   wenn die Sonne erscheint.*
So sehe ich die Zukunft der tibetischen Gemeinschaft.
Aber auch wenn derjenige kommt, dessen vorangegangenes
*   Streben in gutes Karma mündet,*
wird es schwer sein, Glück zu erleben,
Weil der Dharma im Abklingen ist und die schlechten Absichten
*   der maras* *
Früchte tragen…[6]

Während Urgyen Rinpoche seine Ausbildung in Tsurphu fortsetzte, erreichten die Auseinandersetzungen in Rumtek, Sikkim, ihren Höhepunkt. Am 12. Juni 1992 und am 2. August 1993 gerieten die Anhänger des Sharmapa und die Mönche von Rumtek in Streit. Verbale Attacken gingen in Handgreiflichkeiten über. Einige Monate später verkündete Shamar Rinpoche, dass 1983 in Tibet ein Kind geboren worden war, bei dem es sich vermutlich um den Karmapa handelte. Heimlich hatte er bereits Gesandte nach Tibet geschickt, die das Kind befragen und seine Visionen bestätigen sollten. Er war von der Identität des Jungen überzeugt, der dann tatsächlich zum Karmapa erklärt werden würde.

Im März 1994 wurde dieser Junge unter dem Namen Trinley Thaye Dorje öffentlich vorgestellt, die Feierlichkeiten fanden in Neu-Delhi statt. Im Laufe der Zeremonie ereigneten sich mehrere Zwischenfälle, die die Anhänger Shamar Rinpoches gegen seine Kritiker aufbrachte.

Nunmehr gab es einen zweiten Karmapa-Kandidaten. Aber

Urgyen Rinpoche ist vom Dalai Lama anerkannt worden, und die Mehrheit der tibetischen Bevölkerung sowie die Buddhisten der Karma-Kagyü-Linie unterstützen ihn.

In der Vergangenheit – und was diese uns lehrt, gilt, bis die Gegenwart sie widerlegt – hat eine solche Situation niemals einen größeren Konflikt heraufbeschworen. Niemand hätte Shamar Rinpoche dafür kritisiert, dass er in dem jungen Trinley Thaye Dorje eine der vielen Emanationen seines Lehrmeisters wiedererkannte. In einem solchen Fall wird immer eine der beiden Emanationen als besonders herausragend angesehen. Ihr stehen dann rechtmäßig der Thron am Exilsitz der Karmapas in Rumtek und innerhalb Tibets in Tsurphu zu.

Diese Spaltung, die nach dem Tod des sechzehnten Karmapa entstanden ist, geht auf Beweggründe zurück, die viel mit Geld und Macht zu tun haben, will heißen: mit der Kontrolle über Rumtek und seine Schätze – Thankas, Reliquien, Teppiche, Statuen und andere heilige Gegenstände –, und mit dem Besitz der berühmten Schwarzen Krone mit dem riesigen Rubin, die mit dem Karmapa untrennbar verbunden ist.

Urgyen Rinpoche also wird nicht so bald nach Rumtek gehen. Sein vorrangiges Ziel war, den Dalai Lama in Dharamsala zu treffen.

Keinesfalls durften wir uns länger in Kathmandu aufhalten. Die Stadt war für Karmapa viel zu gefährlich. Wir mieteten ein Taxi und baten den Fahrer, uns an einen bestimmten Ort an der nepalesisch-indischen Grenze zu bringen.

Auf der Fahrt dorthin wurden bei Karmapa Erinnerungen an die Reise nach Indien wach, die sein Vorgänger im Jahr 1956, als sich der Geburtstag des Buddha zum zweitausendfünfhundersten Mal jährte[7], unternommen hatte. Der Maharadscha Kumar aus

Sikkim und die „Indian Mahabodhi Society" hatten die hohen tibetischen Würdenträger dazu eingeladen. Aber diese benötigten die Erlaubnis der chinesischen Behörden, um Indien besuchen zu können. Die Verhandlungen in Lhasa zogen sich hin.

Das Fest war wichtig. Es besaß eine spirituelle Bedeutung, die weit über das Gewöhnliche hinausging, und das Fernbleiben der Tibeter würde zwangsläufig zu politischen Diskussionen führen. Die Zentralmacht durchschaute die Zusammenhänge: man wollte nicht, dass die Situation in Tibet dergestalt ins Blickfeld geriet.

Schließlich kamen die Verhandlungen zu einem Ergebnis: Der Dalai Lama, der Panchen Lama und der Karmapa durften nach Indien reisen. Ihre Delegationen umfassten mehr als zweihundert Menschen – hohe Würdenträger, Lamas und unglaublich viele chinesische Beamte. Durch die Anwesenheit der Chinesen „bereichert", erwies es sich für uns als schwierig, Kontakt zu den Vertretern der westlichen Demokratien zu knüpfen.

Seit der Invasion 1949 versuchte der Dalai Lama mit Peking zu verhandeln, aber die Gespräche zogen sich in die Länge, und das Oberhaupt der Tibeter musste anerkennen, dass die traditionelle Isolation Tibets nunmehr bittere Früchte trug. Die junge indische Regierung verkannte den Ernst der Situation und gewährte dem Dalai Lama nur symbolische Unterstützung. Karmapa forderte die chinesischen Besatzer zum Waffenstillstand auf – sie griffen zu jener Zeit die Khampa-Widerstandskämpfer in Osttibet an –, aber sein Anliegen verhallte ungehört. Die Situation verschlimmerte sich Tag für Tag.

Der Empfang in Indien war überwältigend. Wohin sie auch kamen, wartete eine begeisterte Menschenmenge auf den Dalai Lama, den Panchen Lama und Karmapa. Viele Inder hatten schon von ihnen gehört, aber sie hatten noch nie die Gelegenheit gehabt, die geistigen Führer Tibets zu sehen und sie sprechen zu hören.

Auch die Politik kam ins Spiel. Das war nicht selbstverständlich. Der indische Präsident, Dr. Rajendra Prasad, empfing unser Oberhaupt und die Würdenträger der verschiedenen Übertragungslinien in seinem Palast in Rashtrapati Bhavan. Auch Dr. Rada Krishna, der Vize-Präsident, und Pandit Nehru, der Premierminister, nahmen an dem Mittagessen teil.

Im Laufe dieser Reise traf sich der Dalai Lama auch mit Zhu Enlai – aber für unser Land änderte sich dadurch nichts. Peking verschloss die Ohren, wenn unser Oberhaupt um Verhandlungen bat.

Die indische Regierung hatte den tibetischen Delegationen einen Sonderzug zur Verfügung gestellt. Sie besuchten die wichtigsten Stätten des Buddhismus: Sanchi, Ajanta, Benares, Bodh Gaya… An diesen Orten herrscht eine einmalige spirituelle Dichte. Nur störte es uns sehr, dass die chinesischen Beamten ständig um uns herum waren: Die meisten von ihnen waren in Lhasa stationiert und sprachen perfekt Tibetisch.

Der Dalai Lama, der Panchen Lama und Karmapa machten auf die Unterschiede zwischen dieser Reise, die eine Entdeckungsfahrt zu heiligen Orten gewesen war, und der bereits zwei Jahre zurückliegenden Reise nach China aufmerksam. Indien erlebte eine wichtige historische Epoche: in dieser noch jungen Demokratie wurde Freiheit in ihrem vollen Sinne umgesetzt.

In Tsurphu war Karmapa nur scheinbar frei gewesen. In Wirklichkeit lebte er in seinem Kloster als Gefangener.

Der Junge, der vom Dalai Lama und von der Volksrepublik China anerkannt worden war, war ständig von einer gewissen Zahl von Spitzeln umgeben.

Karmapa aber strebte nach geistiger Unabhängigkeit und sah die Dinge sehr klar – was Peking zunehmend ärgerte. Zur Strafe durften ihn seine Tutoren nicht mehr besuchen.

Im Jahre 1999 waren lokale Repräsentanten der kommunistischen Partei nach Tsurphu gekommen. Sie hatten von Karmapa gefordert, dass er öffentlich einen vorgefassten Text verlas.

„Soll ich ihn in eurem Namen vorlesen?" fragte der junge Karmapa.

„Nein, Sie müssen so tun, als käme diese Botschaft von Ihnen", erklärte man ihm.

„Dann verstehe ich nicht, zu was dieser Text nutze sein soll", antwortete das Kind.

Die Situation wurde so schlimm, dass Karmapa schließlich von sich aus Anspielungen auf eine mögliche Flucht machte.

So tat er etwa westlichen Pilgern gegenüber so vielsagende Äußerungen wie:

„Nächstes Jahr werde ich außerhalb Tibets Unterweisungen geben." Oder: „Ich werde im Jahr 2000 Taiwan besuchen."

Es wurde Zeit zu fliehen.

Anmerkungen

[1] Dieser starb 1989.

[2] Liu Shaoqi wird zum Sitzungspräsidenten gewählt, Zhu Enlai ist Ministerpräsident und Deng Xiaoping Generalsekretär der chinesischen kommunistischen Partei.

[3] Chinesisch *Wenshu;* die chinesischen Kaiser wurden als Emanationen dieses Bodhisattva der Weisheit betrachtet.

[4] Bei der ersten Volkszählung hatte China 602 Millionen Einwohner. Damals war Mao Tsetung gegen die Geburtenkontrolle; heute wächst die chinesische Bevölkerung um 2,5 Prozent pro Jahr. Da die landwirtschaftliche Produktion aber nur um 1,5–2 Prozent steigt, ist der Hunger eines der größten Probleme in der Volksrepublik.

[5] Nach Milarepa. Die Übersetzung folgt dem französischen Text von Marie-José Lamothe, a.a.O.

[6] Auszug aus dem XVI. Kapitel der *Prophezeiung des fünften Karmapa.*

[7] Das Geburtsjahr des Buddha Shakyamuni wird unterschiedlich datiert. Nach verbreiteter Auffassung wurde er zwischen 560 und 480 v.Chr. geboren.

10

Die Wege der Wahrheit

Die Stunde der Entscheidung kam für Karmapa schneller, als er sich hatte vorstellen können. Im Jahre 1999 ging in Dharamsala das Gerücht um, dass das Oberhaupt der Karma-Kagyü-Linie fliehen würde. Aber niemand glaubte wirklich daran. Uns jedoch war bereits klar geworden, dass wir Tsurphu früher oder später verlassen mussten. Es fiel uns nicht leicht, diese Entscheidung zu treffen: schließlich waren da noch die Mönche des Klosters, Karmapas Eltern und die Gläubigen. Immer wieder fragten wir uns, was wir tun sollten und zögerten lange. An einem Tag entschieden wir uns in die eine Richtung und am nächsten Tag in die andere. Aber wie unser Votum am Ende auch aussehen würde, es zählte nur Karmapa.

Und dann dieser geplante Mordanschlag! Sie erinnern sich: Es war am Tag der Feierlichkeiten anlässlich seines Geburtstages 1998 gewesen, als ein Unwetter das Picknick in der Nähe von Tsurphu unterbrach. Karmapa hatte eine Vorahnung gehabt und sich trotz des Regens geweigert, ins Kloster zurückzukehren. Die Mönche, die für die Sicherheit des Kindes in Tsurphu verantwortlich waren, hatten seine Hinweise ernst genommen und jedes Zimmer im Kloster durchsucht.

Dabei überraschten sie zwei Männer, die sich in der Bibliothek versteckt hatten, unweit der Tür, die zu Karmapas Räumen führte. Mehr als der Vorfall selbst beunruhigte uns, dass uns die örtlichen Behörden nicht gestatteten, weitere Untersuchungen anzustellen. Auch die Sicherheitsvorkehrungen wurden nicht verstärkt.

Das war ein auslösendes Moment für die Entscheidung zur

Flucht. Ein weiterer Auslöser war, dass Karmapa seinen Unterricht nicht mehr wie gewohnt fortsetzen konnte, denn seine Bewegungsfreiheit sowie die seiner Tutoren wurde drastisch eingeschränkt. Seine Briefe wurden geöffnet, und er durfte das Kloster nicht ohne Erlaubnis verlassen.

In Tsurphu herrschte eine Atmosphäre des Misstrauens.

Wir bereiteten die Flucht unter größter Geheimhaltung vor. Der Fahrer wurde vierzehn Tage vorher darüber informiert, dass wir ihn bald brauchen würden; erst kurz vor der Abfahrt zogen wir ihn endgültig ins Vertrauen. Wir fragten ihn, ob er mit uns fliehen wollte. Und das Abenteuer begann … Karmapas einzige Bitte war, dass die Flucht vor dem ersten Vollmond im neuen Jahr, also vor dem 5. Februar 2000, stattfinden sollte. Die Gründe dafür sollten wir erst später erfahren.

In Birganj-Raxaul Bazaar überquerten wir die indisch-nepalesische Grenze. Nachdem wir unauffällig einige Rupien in die Hand des Grenzbeamten hatten gleiten lassen, war die Sache geritzt.

Nach langer Fahrt im Geländewagen, nach vielen Stunden Fußmarsch, um die Kontrollposten und chinesischen Militärniederlassungen zu umgehen; nach der Überquerung des Thorung La, des „Todespasses" zu Pferd und nach der Fortsetzung der Flucht mit Helikopter, Taxi und Rikscha[1] waren wir noch am Leben – und vor allem: Wir waren frei. Bei den ersten Schritten auf der heiligen Erde des Buddha war uns ganz feierlich zu Mute. Aber wie hatte bereits der Buddha gesagt:

Wisset, wie die Dinge sind:
Wie der Mond, der am sternenklaren Himmel steht
Und sich in einem See spiegelt;
Dennoch ist der Mond niemals bis zum See gekommen.

Wisset, wie die Dinge sind:
Wie das Echo
Von Musik, Klängen oder Weinen;
Im Echo ist dennoch keine Melodie enthalten.

Wisset, wie die Dinge sind:
Wie das Bild, das ein Magier von Pferden, Rindern,
Handkarren und anderen Dingen heraufbeschwört,
nichts ist so, wie es erscheint.[2]

Wir reisten über Gorakphur und Lucknow weiter nach Neu-Delhi.
Auf der Fahrt mussten wir häufig anhalten. In den Städten wimmelte es nur so von Menschen, und jeder lief eilig einem uns unbekannten Ziel entgegen. Auf Handkarren wurden Berge von Obst feilgeboten. Es gab Apotheken, die sich auf ayurvedische Medizin spezialisiert hatten, Zahnärzte, Augenoptiker, Schuster, Schuhputzer und Kinder, die entweder arbeiteten oder bettelten. Inmitten all dieses Trubels Kühe, die in Indien als heilig gelten und oft mitten auf der Straße lagen. Affen turnten herum. Lastwagen rasten mit halsbrecherischer Geschwindigkeit zu zweit oder zu dritt nebeneinander her, dabei hupten sie ununterbrochen, ebenso wie die Touristenbusse und die Taxis. Motorroller, Motorräder und Fahrräder schlängelten sich hupend und klingelnd zwischen ihnen hindurch.

Wir wurden Zeugen mehrerer Unfälle, wobei uns das Schlimmste noch bevorstand. Zwischen Delhi und Dharamsala zählte ich siebenundzwanzig Unfälle, einige davon mit tödlichem Ausgang. Aber auch dann stand das Leben in Indien nicht still.

Karmapa beobachtete alles, was um ihn herum geschah. Plötzlich sagte er:

„Ich muss Hindi[3] lernen.“

Und er lachte schallend auf.

Neu-Delhi erreichten wir ohne größere Zwischenfälle. Nachdem wir uns einige Stunden ausgeruht hatten, fuhren wir mit dem Auto weiter nach Dharamsala.

Wir verließen die indische Hauptstadt am Abend des 4. Januar 2000.

Ich warf einen langen Blick auf unser Auto, das auf dem Dach liegen geblieben war. Die Gottheiten hatten uns also wirklich beschützt. Wir hatten lediglich ein paar Schrammen abbekommen. Die Angst allerdings, die wir ausgestanden hatten, würden wir niemals vergessen.

Am Morgen des 5. Januar 2000 erreichten wir Dharamsala, das Ziel unserer Reise. Die Abteilung für religiöse Angelegenheiten der tibetischen Exilregierung war darüber informiert worden, dass bald ein hoher Lama des tibetischen Buddhismus eintreffen würde. Sie wusste aber noch nicht, dass es sich um Urgyen Trinley Dorje handelte, den siebzehnten Karmapa.

Die Nachricht verbreitete sich wie ein Lauffeuer und löste in Mc Leod Ganj, dem hoch gelegenen Viertel von Dharamsala, große Aufregung aus. Nach der ersten Überraschung herrschte bald riesige Freude und Dankbarkeit. In den Tempeln wurden die großen Gebetsmühlen zweifellos etwas schneller gedreht als sonst!

Wir bezogen ein Hotel mitten im Ort und Karmapa ruhte sich aus. Er schaute Fernsehen.

Als jemand anrief und ihn fragte: „Rinpoche, sind Sie müde?", antwortete er einfach: „Ja, ein bisschen."

Seit 1960, nachdem der Dalai Lama und die ersten Flüchtlinge in Dharamsala eingetroffen waren, hatten die Tibeter ihr Leben im Exil neu geordnet. Sie hatten kleine Läden und Restaurants eröffnet, die einigermaßen gut liefen, denn viele Leute besuchten den Ort. Am Anfang wollten die Exilanten in Indien in erster Linie überleben, denn sie rechneten damit, bald nach Tibet zurückkehren zu können. Leider sollten die meisten ihr Land niemals wiedersehen. Die Regierung gründete das „Tibetische Kinderdorf", dem die älteste Schwester des Dalai Lama, Jetsun Pema, vorstand. Dort wurden Kinder aufgenommen, die es – wie Karmapa – geschafft hatten, die gefährliche Bergkette des Himalaya zu überqueren. Viele hatten dabei weniger Glück gehabt als er. Ihnen mussten erfrorene Gliedmaßen amputiert werden; andere starben unterwegs an Erschöpfung oder wurden von wilden Tieren gefressen.

Vierzig Jahre sind seit der Flucht des Dalai Lama am 10. März 1959 vergangen; seit 1949 hält China Tibet besetzt. Die tibetische Zentralverwaltung mit ihren Ministern und der Nationalversammlung hat ihren Sitz an einem Ort zwischen Mc Leod Ganj und den tiefer gelegenen Teilen von Dharamsala. Die Residenz des Dalai Lama befindet sich oberhalb des Tals. Vor dem Tempel und dem Namgyal-Kloster debattieren auf einem Platz die Mönche.

Am Tag unserer Ankunft sah ich einen großen Regenbogen, der vom Wohnsitz Seiner Heiligkeit über das Dorf und die verschneiten Berge – Richtung Tibet – bis zum Kloster Tsurphu reichte.

Karmapas erster Weg in Dharamsala führte ihn zum Dalai Lama, dem geistlichen und weltlichen Oberhaupt Tibets.

Der Januar ist für die Tibeter in Dharamsala ein besonderer Monat: Das neue Mondjahr wird mit großem Jubel begrüßt. Zehn Tage vor dem *Losar** werden in der gesamten tibetischen Exilgemeinschaft Geschenke und Nahrungsmittel an Freunde und Bedürftige verteilt. Jede Familie bereitet *khabse* zu, Gebäck aus Mehlteig, die Karmapa besonders mag, und die alle Tibeter für ihr Leben gern essen. Jede Familie stellt eine entsprechende Menge davon her: Gemäß unserer Tradition werden die Kuchen vor dem Hausaltar und in den Tempeln geopfert und an Freunde und selbstverständlich an Mönche verschenkt, auch an die Armen im

Dorf, an Besucher und an Eremiten. Die Familien wetteiferten untereinander: Jede will nun, da Karmapa nach Dharamsala gekommen ist, die besten *khabse* von ganz Mc Leod Ganj haben. Am schönsten wäre, aus dem Wettbewerb als Sieger über beide Teile des Ortes hervorzugehen, ja, darauf könnte man sehr stolz sein, denn die Verwandten und Freunde würden es von Wiedergeburt zu Wiedergeburt weitererzählen! Alle, die einen Kuchen erhalten haben, überreichen als Gegengeschenk und zum Dank eine Khata – so verlangt es der Brauch.

Die Häuser werden frisch gestrichen und die Gebetsfahnen erneuert. Symbolische Linien, mit feiner Kreide oder aus weißem Sand gezogen, schmücken die Alleen, die Gassen und die Hauptstraße von Mc Leod Ganj. Auf dem Weg, der zu den Tempeln führt, sind Muschelhörner aus Sand gemalt, sie symbolisieren die Wahrheit des Dharma.

Es ist der 6. Februar im neuen Jahr … und wir sind in Dharamsala. Wir haben Karmapas Bitte erfüllt.

In jedem Haus wird – wie es Brauch ist – eine Handvoll Weizen und eine Handvoll Tsampa in die Luft geworfen. Was vom Tsampa wieder aufgefangen wird, nimmt man zwischen Daumen und Zeigefinger und steckt es in den Mund. Außerdem wird als Opfergabe etwas Chang verspritzt, bevor man einen Tropfen davon auf die Zunge nimmt. In manchen Familien schmückt ein aus Teig zubereiteter Schafskopf, der mit buntgefärbter Butter dekoriert ist, den Altar: Das neue Jahr soll möglichst herzlich begrüßt werden. Die Kinder werden neu eingekleidet, die Männer schlüpfen in eine neue Chuba und die Frauen tragen ihre schönsten Kleider.

Wenn in unserem ersten Kalendermonat der Vollmond am Himmel steht, begehen wir am Abend das *Mönlam*-Fest zum Gedenken an den Sieg Buddhas über die Gegner seiner Lehre. An den beiden ersten Tagen feiern ausschließlich die tibetische Exilregierung und die Laien. Das *Mönlam-Chenmo** beginnt am Morgen des dritten Tages. Von überall her treffen Mönche und Pilger ein. Wegen Karmapas Anwesenheit sind die Tempel noch voller als sonst. Alle wollen für ihn beten. Die Feierlichkeiten dauern drei Wochen.

Für Karmapa – wie auch für alle anderen Mönche – beginnt der Tag um vier Uhr früh. Bei Sonnenaufgang wird eine kurze Pause gemacht. Die Tibeter aus Mc Leod Ganj und jene, die weiter unten in Dharamsala wohnen, leisten ihren Beitrag zu den Zeremonien. Sie servieren Tee, Reissuppe mit Fleisch, Käse, Butter und getrocknete Früchte. Jeder bringt etwas Tsampa mit, und die Mönche vermischen es in ihren Trinkschalen mit Tee. Während des Mönlam-Festes kann man Gebete in schriftlicher Form niederlegen. Die Pilger schreiben ihr Gesuch auf ein Stück Papier und geben es den Verantwortlichen des Klosters oder denjenigen, die der Zeremonie vorstehen. Einer der Oberen liest das Geschriebene und rezitiert das gewünschte Gebet. Auf diese Weise kommen Tausende von Gebeten zustande, die Karmapa ein langes Leben wünschen.

Als Karmapa zum ersten Mal neben dem Dalai Lama in der Öffentlichkeit erscheint, fällt den Tibetern der intensive Ausdruck seiner Augen auf. Die dunkle Haut und sein breites Gesicht, das äußerst konzentriert wirkt, verstärken dieses Leuchten noch. Seine Augen, die „Fenster der Seele", strahlen eine außergewöhnliche Kraft aus: Karmapa ist jenes einzigartige Wesen, auf das die Karma-Kagyü-Buddhisten gewartet haben. Außer Shamar Rinpoche vielleicht, der sich von allen meinen Landsleuten jetzt bestimmt am meisten langweilt.

Warum hat Karmapa darum gebeten, die abenteuerliche Flucht rechtzeitig zu beginnen, warum wollte er noch vor unserem Neujahrsfest in Dharamsala sein? Er hatte einen Grund. Sein größter

Wunsch war, am sechzigsten Jahrestag der Inthronisation des Dalai Lama an der Seite unseres Oberhauptes zu sein. Denn am 5. Februar 1940 hatte die tibetische Regierung in Lhasa verkündet: „Lhamo Dondrup – so lautet der Geburtsname Seiner Heiligkeit – ist große Weisheit und außergewöhnliche Intelligenz mitgegeben worden; er wird als die Reinkarnation des dreizehnten Dalai Lama anerkannt und als vierzehnter Dalai Lama inthronisiert werden." Die Zeremonien wurden im Tempel von Jokhang abgehalten.

Wir haben Karmapas Wunsch erfüllt.

April 2000... Urgyen Trinley Dorje, der siebzehnte Karmapa, lebt in einem Kloster in Indien. Kein Tag vergeht, ohne dass er an seine Eltern denkt, die von den Behörden in jenes Gebiet „in Sicherheit" gebracht wurden, wo sie einst ein glückliches Leben als Nomaden führten. Wird Karmapa seine Eltern, Dondrup und Loga, eines Tages wiedersehen? Und seine Schwestern und Brüder?

Auch den Mönchen, die nach seiner Flucht festgenommen wurden, fühlt er sich nahe. Die Chinesen hatten Tsurphu unmittelbar nach Entdeckung der Flucht für alle Besucher geschlossen, auch für die Gläubigen. Eines Abends, als Karmapa wieder einmal an alle diejenigen denkt, die von seiner Flucht mitbetroffen sind, schreibt er auf seinem tragbaren Computer ein neues Gedicht.

Jenes aber, das unter dem Titel *Freudige Sehnsucht* im Folgenden abgedruckt ist, entstand während seiner Flucht – einer Flucht über die Berge, voller Gefahren und inmitten von Stürmen, erfüllt von Angst, aber auch von Freude; einer Flucht, die für die Tibeter zum Symbol der Hoffnung wurde.

Anmerkungen

[1] Die Rikscha wurde von einem westlichen Missionar erfunden, der in Japan lebte. In Indien wurde sie zum ersten Mal 1880 auf den Hauptverkehrsadern von Simla benutzt, dem Sommersitz der Regierung von Britisch-Indien. „Rikscha" bedeutet wörtlich: Fahrzeug, das von einem Menschen angetrieben wird.

[2] Vgl. Helena Norbert-Hodge, *Ancient Futures. Learning from Ladakh,* London (Rider) 1991. Die Übersetzung folgt dem französischen Text.

[3] Eine der Sprachen, die im heutigen Indien gesprochen werden.

Freudiges Streben
Eine süße Melodie für die vom Glück Begünstigten

•

Von Urgyen Trinley Dorje,
siebzehnter Gyalwa Karmapa

Om Swasti
Das rechtsdrehende Muschelhorn ist reines Mitgefühl
Und durchdringt den Körper, die Rede und den Geist.
Es lässt gute Absichten fließen,
Die sich nie verändern.
Möge eine sanfte Melodie erklingen,
Die über jeden Vergleich erhaben ist,
Musik für die Ohren,
welche die Lotusblätter von Tugend, Vortrefflichkeit und Güte
öffnet.

Es trägt den höchsten Namen des Baumes,
Der alle Wünsche erfüllt,
Des Baumes göttlichen Nektars.
Die Musik dieser unwandelbaren Essenz,
die uns jeden Wunsch gewährt,
Ist lieblich und angenehm.
Zwischen den Zweigen,
In seinem Blätterwerk versteckt,
Liegen die Juwelen dauerhaften Glücks.
Herrscher in unserem Königreich,
Möge die Schönheit dieses Baumes
Die ganze Welt zum Leuchten bringen!

Wunsch für Tibet:
Wie eine Kette duftender Blumen
Liegen diese verschneiten Gipfel kühl und friedlich da.
In einem heilenden Land, wo sich weißer Weihrauch fein erhebt,
möge der zarte Glanz leuchtender Mondstrahlen
jede Zwietracht, die Dunkelheit der Schattenseite besiegen!

Wunsch für den Dalai Lama:
Ein Fest der Verdienste im Land des Schnees inspirierend,
seid Ihr der Erhabene, der einen reinen weißen Lotus hält,
Mit der Schönheit aller Qualitäten, ein Schatz zum Anschauen,
Möge Euch ein langes Leben beschieden sein,
unzerstörbar wie ein diamantes Vajra!

Wunsch für die Kultur und das Wissen:
Die vortrefflichste Tugend ist das leuchtende und ruhige
Fließen der Kultur:
diejenigen, die einen verfeinerten Geist besitzen,
spielen in einem klaren Lotussee.
Mögen sie durch diesen ausgezeichneten Weg,
ein Lied, sanft wie der Honig aus Blütenpollen,
den duftenden Tau
des siegreichen Wissens kosten!

Wunsch für die Welt:
In allen Ländern
Dieser kostbaren, weiten Welt
möge Wohlergehen für die Lebewesen aufleuchten
wie die zahllosen Spiegelungen des Mondes,
deren Gegenwart erfrischt
und dauerhafte Heiterkeit und Glück bringt,
um die liebliche Anordnung nächtlich blühender Lilien zu öffnen,
Zeichen für Frieden und Freude.

Epilog:

Aus dem Baldachin weißer Wolken,
Der Vereinigung der beiden Ansammlungen[1] herabsteigend,
Mögen diese Worte der Wahrheit
wie Regenschauer und Perlen des Lichts
in einen lieblichen Park herabfallen,
in dem vom Glück begünstigte Schüler, frei von Vorurteilen sind,
und mögen sie die Blumen der Liebe öffnen,
damit Wohlergehen und Freude blühen können.
Diese Wünsche entspringen einer ernsthaften Absicht, und
wurden geschrieben von dem, den man Urgyen Trinley nennt,
ein Esel, der wie ein Elefant erscheint, während seiner Flucht
aus Tibet.

Als trügerische Erscheinung eines nächtlichen Traums
erschienen am Ufer eines Sees, der mit erblühten Lotus-blüten
bedeckt und in Mondlicht getaucht war, drei Brahmanen,
gekleidet in reine weiße Seide,
Trommel und Gitarre, Flöte und andere Instrumente spielend.
Ihr melodiöses Lied aus angenehmen und gefühlvollen Tönen
Klang in meinen Ohren,
und so
schrieb ich dieses Wunschgebet mit einsgerichtetem Geist,
von der starken und ernsthaften Absicht erfüllt,
allen Menschen Tibets zu nutzen.

Mögen innerhalb der schönen und glückverheißenden Kette
von Bergen, diesem Land Tibet, die Sonnenstrahlen des höchsten Strebens für das Erwachen schnell erscheinen!

Anmerkungen

[1] Bezogen auf die Ansammlung von Verdienst und Weisheit.

Rede des Dalai Lama
anlässlich der Flucht des Karmapa

Seine Heiligkeit, der Dalai Lama, dankte dem TIPA (*Tibetan Institute of Performing Arts; Tibetisches Institut für darstellende Künste*) für all die wunderbaren Tanzaufführungen, die im Laufe so vieler Jahre stattfanden. Er sprach in diesem Zusammenhang auch von Milarepa und betonte, dass durch die Kunst einige Abschnitte aus dessen Leben mit neuem Leben erfüllt wurden.

Am Ende seiner Ansprache wandte er sich an alle Menschen, die um Seine Heiligkeit, Gyalwa Karmapa versammelt waren.

„Gerade ist die Lebensgeschichte von Milarepa, dem ‚lachenden Vajra, dem Herrn der Yogis‘, aufgeführt worden. Milarepa hatte zwei Herzensschüler: den Heiligen Regenten, den unvergleichlichen Arzt von Dagpo (Gampopa) und Lama Rechungpa. Schüler des unvergleichlichen Arztes von Dagpo war der erste Karmapa. Sein Name war Düsum Khyenpa (‚der, der das Wissen der drei Zeiten besitzt‘).

Die Linie der Karmapas reicht bis zur siebzehnten Reinkarnation, die sich heute unter uns befindet. Wir haben nicht damit gerechnet, dass er zu uns kommen könnte und sind alle sehr überrascht. Schon früh hat Karmapa eine bemerkenswerte Reife und die Manifestation unterschiedlicher latenter Qualitäten gezeigt, die er aus seinen früheren Leben mitbringt. Trotz offensichtlicher Gefahren ist er wohlbehalten hier angekommen.

Als ich zum ersten Mal davon hörte, dass Karmapa Rinpoche aus Tibet fliehen wollte, habe ich mir große Sorgen gemacht – ich fragte mich, wie er all die Hindernisse überwinden sollte, die einer Flucht im Wege standen! Später dann, als ich gerade aus Bodh Gaya nach Dharamsala zurückgekehrt war, hörte ich, dass ihm die Flucht gelungen war und er Indien erreicht hatte. Als wir uns zum ersten Mal trafen, war ich sehr beeindruckt. Zunächst haben wir über die Beweggründe seiner Flucht gesprochen.

Er ist in der Hoffnung hierher gekommen, der Sache des tibetischen Buddhismus und des tibetischen Volkes dienen zu können. Solange er in Tibet war, konnte er das nicht verwirklichen. Deshalb sei er ins Exil gegangen, hat er mir erklärt. Darüber war ich sehr glücklich. Und ich sagte ihm, dass seine Entscheidung sehr gut war.

Da Karmapa noch sehr jung ist, haben wir auch darüber gesprochen, welche Aufgaben für ihn an erster Stelle stehen. Das Studium der Schriften, das Empfangen von Initiationen, mündlichen Übertragungen, Unterricht bei Lehrmeistern, intensive Meditationsrückzüge, Rezitationen und andere Praktiken – das sind die Dinge, denen er sich in den nächsten zehn Jahren an erster Stelle widmen sollte. Es ist sehr wichtig, dass er seine verborgenen Fähigkeiten und Gaben, die aus seinen früheren Inkarnationen stammen, verwirklicht und sie in dieses Lebenskontinuum integriert. Also wird ihm zugute kommen: Belehrungen zu hören, darüber nachzudenken, zu studieren und zu meditieren.

Das habe ich ihm geraten, und er hat zugestimmt. Wir beide verfolgen dasselbe Ziel. Nun, da viele von uns hier versammelt sind, dachte ich, dass es eine großartige Gelegenheit ist, Karmapa vorzustellen, so dass Sie ihm begegnen und wir einander gegenseitig besser kennen lernen können.

Und so möchte ich Sie ermutigen, dafür zu beten, dass sich die Pläne und Wünsche von Karmapa Rinpoche erfüllen mögen. Möge er seine Mission frei und innerlich ausgeglichen erfüllen können."

7. März 2000, im TIPA
Dharamsala, Indien

Nachwort

Tibets Hoffnung auf eine bessere Zukunft

Welches Schicksal haben die chinesischen Kommunisten dem jungen Gendün Chökyi Nyima zugedacht, der inzwischen zwölf Jahre alt sein müsste, den aber seit Juli 1995 niemand mehr gesehen hat? Wie wäre es Urgyen Trinley Dorje, dem siebzehnten Karmapa, inzwischen sechzehn Jahre alt, wohl ergangen, wenn er sich der ständigen Kontrolle, dem systematischen Druck und den marxistischen „Umerziehungsmethoden" des totalitären Regimes widersetzt hätte? Gendün wurde im Mai 1995 vom Dalai Lama zur Reinkarnation des (1989 verstorbenen) zehnten Panchen Lama bestimmt. Der Dalai Lama hat auch Urgyen Trinley Dorje anerkannt. Er wurde am 27. September 1992 in Tibet inthronisiert; die Chinesen haben diese Reinkarnation „unterstützt".

Der Panchen Lama spielt im tibetischen Buddhismus eine entscheidende Rolle: Nach dem Tod des Dalai Lama leitet er die Suche nach dessen Wiedergeburt. Inzwischen gibt es Informationen, dass Gendün in einem *laogai*[1] in der Provinz Gansu verstorben sein soll. Peking hat diese Meldungen dementiert, die angeblich aus „ungesicherten Quellen" stammen sollen.

Schon die Entführung von Gendün Chökyi Nyima stellt ein Verbrechen dar. Sein Tod würde für immer das Gewissen aller Menschen belasten; sein Verschwinden bedeutet eine Niederlage für Freiheit und Wahrheit.

In einem Land, wo sich der Geist gerne über die irdischen Gipfel erhebt, lebte Urgyen Trinley Rinpoche, der siebzehnte Karmapa, gut bewacht im Kloster Tsurphu, nordwestlich von Lhasa. Die Flucht des Kindes konnte nur aufgrund guter karmischer Bedingungen gelingen – das weiß er und das wissen alle Tibeter.

173

Für Peking stellt sein Entkommen mehr als nur eine Beleidigung dar. Mit dem Karmapa besaßen die chinesischen Kommunisten einen hohen Trumpf, ein nützliches „Werkzeug", um Druck auf den Dalai Lama und seine so genannte „Clique" auszuüben: die Exilregierung[2], die immer noch kein westlicher Staat anerkannt hat.

Die überraschende Ankunft des jungen Tulku in Dharamsala störte den Plan der Kommunisten; sie hat die Karten im Spiel Jiang Zemins, dem heutigen Staatsoberhaupt der Volksrepublik China, und seiner korrupten Folterknechte neu gemischt. Die Fassade aus Lügen, die seit 1949[3] aufrecht erhalten wird, bröckelt, denn die Öffentlichkeit erfährt mehr und mehr über das Drama des tibetischen Volkes.

In meinen Büchern über Tibet habe ich die Einmischung der chinesischen Kommunisten in eine rein geistige Frage stets verurteilt. Diese Frage geht nur den tibetischen Buddhismus etwas an. Gendün Chökyi Nyima, der nur wenige Tage nach seiner Anerkennung entführt wurde, steht im Mittelpunkt eines ausgeklügelten Spiels. Peking hat eine zynische Wette mit der Zeit abgeschlossen, als es anstelle des elften Panchen Lama ein anderes Kind einsetzte; ein Kind, das im selben Dorf wie Gendün geboren wurde und genauso alt ist wie dieser. Wenn der vierzehnte Dalai Lama – zum großen Unglück seines Volkes – stirbt, hat der „falsche" Panchen Lama die bedeutsame Aufgabe, ein Kind zu bestimmen, das als dessen Wiedergeburt gilt und zum fünfzehnten Dalai Lama wird.

Norbu, der „falsche" Panchen Lama, ist nur eine Marionette in den Händen der chinesischen kommunistischen Partei. Die Frage nach der Kontinuität der Linie der Dalai Lamas hat sich damit möglicherweise erledigt. Der neue – dann zweifellos pro-kommunistische – Dalai Lama wird die Zugehörigkeit Tibets zum Vaterland China anerkennen. Der endgültigen Assimilation eines ganzen Volkes und der Auslöschung einer Jahrtausende alten Kultur – unter den Augen einer Weltöffentlichkeit, die sich indifferent zeigt – stünde dann nichts mehr im Wege. Durch die Flucht Urgyen Trinley Rinpoches ins Exil nach Dharamsala jedoch ist alles wieder offen. Zumindest dann, wenn das politische Bewusstsein der Menschen dieser Welt erwacht...

Ich appelliere an alle Abgeordneten in den Parlamenten sowie an alle Menschen guten Willens, die Sache Tibets zu unterstützen: Erkennen Sie den Dalai Lama offiziell als Staatsoberhaupt an; erkennen Sie seine Exilregierung an; unterstützen Sie seine Bemühungen um Frieden, Mitgefühl und Toleranz, außerdem seinen Fünf-Punkte-Plan; machen Sie den Völkermord an den Tibetern öffentlich; zwingen Sie die Behörden in Peking, sich an den Verhandlungstisch zu setzen und die dramatischen Probleme Tibets und seiner Zukunft zu besprechen!

Einmal müssen wir schließlich die Wahrheit erfahren. Seit Jahren berichte ich über die schändlichen Taten Pekings. Bis heute wurden viele Hunderttausend Tibeter Opfer der „Endlösung", die Jiang Zemin und seine Vorgänger verfolgten: Sie wurden erschossen, aufgehängt, erwürgt, ertränkt, lebendig begraben oder enthauptet, sie verhungerten oder wurden bei lebendigem Leib verstümmelt und verbrannt. Die Chinesen haben sich das Recht genommen, im Augenblick der Geburt von Kindern über deren Leben und Tod zu entscheiden, sie haben bis zum achten Schwangerschaftsmonat Zwangsabtreibungen vornehmen lassen, eine Politik der systematischen Sterilisation betrieben. Sie haben das kulturelle Erbe verwüstet, die Klöster zerstört, die Menschen umgesiedelt, die Erde verseucht und ausgelaugt... Tibet liegt im Todeskampf: Es ist im Begriff, von diesem Planeten und aus der Weltgeschichte zu verschwinden. Ein ganzes Land wird systematisch vernichtet – und die Welt will nichts davon wissen, ebenso wenig wie von den tibetischen Flüchtlingen, der Rolle der Exilregierung Tibets und den Sehnsüchten und Plänen der Tibeter. Noch ist es möglich, Tibet zu retten. Es reicht, das Schweigen zu brechen. Man braucht Mut dazu – so wie der junge Karmapa, der die Bergkette des Himalaya überquert hat, um den wahren Kern des Buddhismus praktizieren und verbreiten zu können und zu der Regierungsvertretung eines freien Tibet, dem der Dalai Lama vorsteht, zu stoßen.

Seit der Regierungsübernahme durch die Volksrepublik China am 1. Oktober 1950 sind fünfzig Millionen Menschen dem chinesischen Kommunismus zum Opfer gefallen. Fünfundzwanzig Millionen Frauen und Männer, auch Kinder, sind in den Arbeitslagern und Gefängnis-Fabriken „verschwunden". Harry Wu[4], der neunzehn Jahre seines Lebens in den chinesischen „Gulags" verbracht hat, bestätigt, dass heute noch zwischen sechs und acht Millionen Gefangene in diesen Lagern leben. Diese Lager stehen den russischen Gulags und den Vernichtungslagern der Nazis an Schrecken in nichts nach.

Nach dem Vorbild der russischen Kommunisten haben die chinesischen Machthaber die Bevölkerung in Tibet und China nach ökonomischen Kriterien aufgeteilt und zwangsumgesiedelt. Am 23. Juli 1950 befiehlt Mao Tsetung[5] eine breit angelegte Vernichtungskampagne gegen die „Konterrevolutionäre". Im Laufe des nächsten Jahres wird eine Million Menschen exekutiert, nur weil sie irgendwie verdächtig erscheinen; zwei weitere Millionen werden in den Laogai[6] gefangen gehalten. Wer in der Stadt irgendetwas besitzt, wird automatisch jener Schicht zugeordnet, die aus der Gesellschaft zu verschwinden hat.

1938 hat Hitler die Zwangsarbeit als Mittel eingesetzt, um „störende Elemente" zu beseitigen. Einige Jahre später wenden die Kommunisten die gleichen Methoden an, um Millionen von Menschen auszulöschen, nur weil sie einer gehobenen Schicht angehören. In den Lagern der Nationalsozialisten galt das Motto: „Arbeit macht frei". Die Laogai besitzen ihr eigenes: „Arbeit führt zu einem neuen Leben". Auch wenn es etwas anders klingt, bedeutet es das Gleiche.

Seit 1983 hatte Deng Xiaoping[7] aus den Laogai einen einträglichen Wirtschaftszweig gemacht. Jiang Zemin setzt das kriminelle Werk seines Vorgängers fort. Die Häftlinge müssen nicht nur jeden Tag in den Steinbrüchen und Minen, auf den Baustellen und Feldern oder in den Fabriken arbeiten, um Produkte „Made in China" herzustellen, die zu billigen Preisen im Westen verkauft werden, sondern darüber hinaus noch viele, viele Stunden „Umerziehung" erdulden.

Abscheuliche Folterungen sind an der Tagesordnung. Die Folterknechte bevorzugen elektrische Stäbe. Diese Instrumente für „besondere" Zwecke werden in Ländern hergestellt, die Demokratie und Menschenrechte achten – anscheinend glaubt man dort, dass derlei Werkzeuge sich nur zum Viehtreiben eignen.

Es existiert eine mafiaähnliche Organisation, die Organhandel in China und Tibet betreibt; sie wird wiederum von der kommunistischen Nomenklatura kontrolliert. Wenn ein Krankenhausdirektor bestimmte Organe braucht, werden die Gefangenen – darunter Chinesen, Tibeter, Christen, Moslems, Buddhisten, politische Dissidenten, Studenten und Intellektuelle – einfach hingerichtet; die Tötungsmethode richtet sich nach den Organen, die man entnehmen will. Auch im Jahr 2000 wurden in den Laogai Chinesen und Tibeter im Namen des Profits und einer wirtschaftlichen Öffnung zum Westen ermordet. Gefängniswärter, Polizisten und Ärzte schneiden sich ihr Stück vom Kuchen ab.

Es stimmt zwar, dass es in den Laogai keine Gaskammern gibt, aber auch diese Lager erfüllen einen bestimmten Zweck: den, das Denken zu „erneuern". Seit mehr als fünfzig Jahren programmiert der chinesische Kommunismus das Denken um. Er tötet den Verstand.

Im 21. Jahrhundert darf man nicht ausschließlich den Holocaust und die Gulags verurteilen: Die Laogai müssen aufgelöst und jene, die sie betreiben, schuldig gesprochen werden! Vorgestern war dies Mao Tsetung, gestern Deng Xiaoping und Li Peng, und heute ist es Jiang Zemin.

Bei meinen Vorträgen verurteile ich immer wieder das, was man Gendün Chökyi Nyima angetan hat: Seit seiner Entführung 1995 hat ihn niemand mehr gesehen. Sein Schicksal geht uns alle etwas an, denn an diesem Kind ist ein schweres Verbrechen begangen worden.

Vielleicht ist schon eingetroffen, was man befürchtet: das Leben eines Kindes, das den Machthabern unbequem war, wurde ausgelöscht – vielleicht durch einen Henker, mit einer einzigen, nicht mehr rückgängig zu machenden Bewegung. Auf den Tod eines Jungen hingewiesen hat *China Freedom News Association:* im Gefängnistrakt Nr. 1 in Lanzhou, in der Provinz Gansu (am Ende der alten Seidenstraße) ist ein Junge gestorben. Vielleicht war es Gendün – es ist gut möglich, dass es sich um den elften Panchen Lama handelt. In diesem Fall hätte man seinen Leichnam außerhalb des Gefängnisses verbrannt, um noch die letzte Spur zu verwischen.

Noch am 5. November 1999 hat die Verwaltung des Gefängnisses die Gerüchte dementiert, die über den Tod von Gendün Chökyi Nyima in Umlauf waren – die Presse in Hongkong hatte über die Angelegenheit berichtet. Aber es war ein merkwürdiges Dementi. Die schnelle Reaktion Pekings lässt die Vermutung zu, dass vielleicht tatsächlich etwas vorgefallen ist. In der Presse wurde auch hervorgehoben, dass die Polizei am ersten November-Wochenende des Jahres 1999 in der Provinz Sichuan[8] auf dreitausend tibetische Demonstranten geschossen hat. Sie hatten gegen die Festnahme von Mönchen protestiert, die in Kontakt mit der Exilregierung des Dalai Lamas gestanden haben sollen. Die Zahl der Opfer wurde niemals bekannt.

Das Schweigen um Gendün Chökyi Nyima ist unerträglich. Falls er tatsächlich ermordet wurde, hat er uns einen letzten Appell hinterlassen, wie es alle Kinder auf dieser Welt tun, die ihrer Freiheit beraubt werden. Zeigen Sie ihn uns, Herr Jiang Zemin, der Sie vorgeben, so viel für die Freiheit übrig zu haben. Haben Sie den Mut dazu, Sie, der sich doch längst vor dem Tribunal von Den Haag rechtfertigen müsste, wenn Sie nicht durch ihren Status geschützt wären. Jeder weiß, dass Peiniger ihres Schlages in der Volksrepublik China nicht in den Ruhestand treten.

Es ist an uns als denjenigen Menschen auf dieser Welt, die in Freiheit leben, nun zu handeln und Ihrer Doppelzüngigkeit ein Ende zu bereiten. Wie kann man vorgeben, internationales Recht zu achten und die moralischen Grundwerte aufrecht zu erhalten, wenn man sich angesichts der Millionen von Kindern, die ausgebeutet, geschlagen, vergewaltigt und ermordet werden, nicht zunächst eines einzigen, bekannt gewordenen Kindes annehmen darf, das Opfer eines offenen und plumpen Staatsterrorismus geworden ist? Auch wenn es sich um ein persönliches menschliches Drama handelt, ist es doch ein exemplarischer Fall, und unsere Glaubwürdigkeit steht auf dem Prüfstand, genauso wie unsere Verantwortung als „Zeugen".

Gendün, der vielleicht für immer zum Schweigen verurteilt ist, hinterlässt uns noch eine andere Botschaft: Sein Leben wird für alle Zeiten eng mit dem Schicksal des tibetischen Volkes verbunden bleiben. Darüber hinaus symbolisiert sein Schicksal die großen Herausforderungen des XXI. Jahrhunderts: Menschenrechte, Erhalt der Umwelt, friedliches Zusammenleben der Völker, Rettung des kulturellen Erbes und Bewahrung der kulturellen Vielfalt.

Wenn Gendün Chökyi Nyima tatsächlich im Gefängnistrakt Nr. 1 von Lanzhou gestorben ist, dann ist das eine Niederlage für die ganze Menschheit.

Zur Kenntnis von Jiang Zemin und all jene, die für das inakzeptable Verschwinden des Kindes verantwortlich sind, sei folgendes Zitat von Tzvetan Todorov wiedergegeben, eine einfache Überlegung: „Das Leben hat gegen den Tod verloren, aber die Erinnerung siegt im Kampf gegen das Nichts." Der Kampf für die Freiheit Tibets geht weiter. Wenn Gendün nicht mehr lebt, wird es anderes geben, dessen China anzuklagen ist, aber die Erinnerung an ihn wird niemals verlöschen – Erinnerung an ein Kind, dessen einziges Vergehen darin bestand, in einem unterdrückten Land geboren zu sein.

Urgyen Trinley Dorje, dem siebzehnten Karmapa, ist es im Gegensatz zu Gendün gelungen, aus Tibet zu fliehen. Mehr als das: Er ist vor der Besetzung geflohen, der Korruption, den Umsiedlungen, Gefangennahmen, Foltern, Vergewaltigungen, Sterilisationen und Zwangsabtreibungen. Die Klöster werden immer mehr von „ausgesuchten Beamten" unterwandert und kontrolliert. Meist handelt es sich dabei um hochrangige rote Lamas, die seit ihrer Kindheit in das marxistische System eingebunden und leider auch davon korrumpiert sind. Andere Beamte, Chinesen und Tibeter, leisten Spitzeldienste, weil sie davon Vorteile haben, und vor allem, weil sie Geld dafür bekommen.

Sind das ausreichende Gründe, damit ein vierzehnjähriges Kind ins Exil geht? Nach dem *Tibet Information Network (TIN)* ist der Karmapa aus seinem Kloster-Gefängnis geflohen, weil ihm die chinesischen Behörden nicht mehr erlaubten, seine Lehrer zu treffen – vor allem Tai Situ Rinpoche, der im Exil in Indien lebt. Den meisten großen Gelehrten des tibetischen Buddhismus scheint es gelungen zu sein, Tibet zu verlassen. Das bedeutet: Urgyen Trinley Rinpoche wäre der Manipulation durch die chinesischen Kommunisten in immer höherem Maße ausgesetzt gewesen. Und man hätte ihn dazu gezwungen, die tibetische Bevölkerung gegen die immer noch allgegenwärtige geistige und politische Autorität des Dalai Lama aufzuhetzen.

Jiang Zemin und seine Handlanger setzen alle nur denkbaren Mittel ein, um ihre Kontrolle über die religiösen Aktivitäten in Tibet auszudehnen; vor allem über die Auffindung der Reinkarnationen, von denen sie sich einige „auf Vorrat" halten, um die Entscheidungen aus Dharamsala anfechten zu können. Was bleibt ihnen? – Norbu, der „falsche" Panchen Lama, den die Tibeter niemals anerkennen werden – sein Vater ist Mitglied der kommunistischen Partei –, und die anderen Kinder, die sie im Eilverfahren ausgesucht haben. Aber auch sie sind nur Marionetten, Werkzeuge zur Realisierung der chinesischen Absichten.

Urgyen Trinley Rinpoche hat zwischen dem 28. Dezember 1999 und dem 5. Januar 2000, dem Zeitpunkt seiner Ankunft in Dharamsala, ein gefährliches und leidvolles Abenteuer überstanden, ebenso wie Tausende von Tibetern, die seit 1959[9] den Weg ins Exil gegangen sind. Der Dalai Lama und seine Regierung haben versichert, dass sie mit der Organisation seiner Flucht nichts zu tun hatten, denn die gesamte tibetische Exilgemeinschaft sei von der Ankunft des jungen Karmapa sehr überrascht gewesen. Peking ist verärgert, weil durch Urgyen Trinley Dorjes Flucht die Strategie der Eroberung und „Endlösung" auf dem Dach der Welt wieder in Frage gestellt ist. Die chinesischen Behörden wollten den jungen Karmapa als Gegenpol zum Dalai Lama aufbauen, dessen Einfluss immer noch beträchtlich ist.

Niemand sollte sich darüber hinweg täuschen: Das System der Wiedergeburten oder Reinkarnationen ist eine Besonderheit des tibetischen Buddhismus; und es gibt keinerlei Übereinstimmungen mit dem Kommunismus oder dem chinesischen Totalitarismus. Die Machthaber in Peking machen aus rein geistigen Angelegenheiten ein Politikum, das sich eines Tages möglicherweise gegen sie wenden wird. Zu welchen Mitteln sie greifen, haben sie 1995 bei der Entführung des damals fünfjährigen Panchen Lama gezeigt. Der siebzehnte Karmapa, der heute sechzehn Jahre alt ist, lebte noch vor mehr als einem Jahr in seinem Gefängnis-Kloster in Tsurphu – etwa sechzig Kilometer nordwestlich von Lhasa. Er ist zu einem Zeitpunkt geflohen, als die Unterdrückung durch die Chinesen in Tibet wieder zunahm. Vor allem die Klöster wurden ins Visier genommen: 1999 sind mehr als eintausendfünfhundert Mönche und Nonnen vertrieben worden.

Seit 1960, dem Jahr seiner Ankunft in Dharamsala, leitet der Dalai Lama[10] die Regierung und seine Landsleute im Exil zu einem schnellen und nachhaltigen Prozess der Demokratisierung an. Dem politischen Denken seines Vorgängers[11] verpflichtet, hat er schon als junger Mann erkannt, wie wichtig für sein Volk eine radikale institutionelle Veränderung ist. Kein Stein darf mehr auf dem anderen bleiben.

Das, was er gemeinhin als freies und souveränes Tibet bezeichnet, wurde 1949 ausgelöscht. Bis dahin hatte das Land damit vorlieb genommen, dass sich Verhaltenskodex und Kommunikationswege nur sehr langsam veränderten. Im Land der zahllosen Pässe, der ausgedehnten Ebenen[12], der an vielen Stellen unüberwindlichen Bergketten lasteten die klösterlichen Strukturen mit ihrer ebenso realen wie machtvollen Autonomie schwer auf den Schultern der Regierung. Die Mönche waren an eine hierarchische und quasi autarke Arbeitsweise gewöhnt, dementsprechend war ihre Einstellung streng konservativ.

Ein halbes Jahrhundert nach der chinesischen Invasion weist der Demokratisierungsprozess – das gilt natürlich nur für die Tibeter im Exil – zwar eine ermutigende Bilanz auf, bleibt jedoch äußerst kompliziert. Um erfolgreich zu bestehen, müssen die tibetischen Flüchtlinge ihre Rivalitäten und die häufig jahrhundertealten Spaltungen überwinden. Nur wenn sie einen echten Konsens finden, können sie die extrem schwierige Situation meistern. Die vier buddhistischen Schulen – Gelug-pa, Kagyü-pa, Nyingma-pa und Sakya-pa –, die Bön-Religion[13] und eine neu entstandene, autonome laizistische Bewegung bilden ein kompliziertes Mosaik, das der Dalai Lama dank seiner großen geistigen Spannweite zusammengefügt hat.

Doch die Zukunft Tibets liegt immer noch in Tibet selbst, und dort ist der Handlungsspielraum für den Dalai Lama und seine Regierung sehr begrenzt. Und: Das geistige und weltliche Oberhaupt von Tibet ist sterblich – am Horizont zeichnet sich die zweifellos heikelste Prüfung für das tibetische Volk ab. Sein Nachfolger muss bestimmt und nach den traditionellen Gesetzen des tibetischen Buddhismus erzogen werden, damit er nicht zu einer Marionette in den Händen der chinesischen Kommunisten wird.

Urgyen Trinley Dorje, der siebzehnte Karmapa, besitzt eine große spirituelle Aura. Zu Beginn des dritten Jahrtausends kann seine Flucht der Schlüssel zur Bewältigung der unumgänglichen Übergangsperiode zwischen dem Tod des vierzehnten Dalai Lama und der Heranreifung seines Nachfolgers werden. Aus dem siebzehnten Karmapa einen Regenten zu machen, wäre zwar ein ungewöhnlicher Schritt, aber die Garantie dafür, dass der tibetische Buddhismus mit all seinen Traditionen weiterbesteht.

Der Karmapa hat die Kraft besessen, den letzten Pass, der Tibet von Nepal und Indien trennt, zu überqueren. Er hat es für sein Volk getan, das unter dem kommunistischen Joch leidet. Jetzt hindert ihn nichts mehr daran, mit seinen Lehrmeistern zu studieren oder sich gemeinsam mit dem Dalai Lama für das von China unterdrückte Tibet zu engagieren.

Seine abenteuerliche Flucht hat ihn auf den Weg der Freiheit geführt. In der Ferne ist die Sonne mit dem Horizont zusammengeflossen und der ewige Schnee ist in der Unendlichkeit der Zeit und der Geschichte seines Landes versunken.

Auf seinem Weg durch eine Kette von Berggipfeln zwischen 6000 und 8000 Metern Höhe, bei Temperaturen von minus 20 Grad hat der Halbmond die Schritte des Karmapa über die steilen Pfade der über 4000 Meter hohen Pässe beleuchtet – das Licht des Buddha hat ihn geleitet.

Noch in seinem Gefängnis-Kloster in Tsurphu hatte Urgyen Trinley Dorje mehrmals den vielsagenden Satz wiederholt: „Der tibetische Buddhismus lehrt uns an allererster Stelle das Mitgefühl. Aber man muss frei sein, um es praktizieren zu können!"

Anfang Februar 2001 wurde bekannt, dass Urgyen Trinley Dorje nun endlich in den Genuss der Freiheit – oder doch zumindest eines Teils der Freiheit! – gelangen wird, die er sich wahrhaft verdient hat: Die indischen Behörden haben ihm den Status eines Flüchtlings zuerkannt, allerdings nur „mit eingeschränkter Wirkung". Bislang war der junge Karmapa in Dharamsala nur scheinbar frei gewesen. Am Anfang des dritten Jahrtausends musste der „Lebende Buddha" mit viel weniger Freiheit auskommen, als er sich gewiss erhofft hatte. Aber auch wenn seine zukünftigen Reisen Einschränkungen unterliegen und streng kontrolliert werden, bedeutet die neue Entwicklung einen zweiten Sieg für all diejenigen, die die Freiheit lieben. Denn es war nicht hinzunehmen, dass Seine Heiligkeit, der siebzehnte Karmapa, eine Rolle spielte, auf die er nicht eingestellt war – immerhin ist dieser Jugendliche ja vor dem autoritären Staatsapparat des kommunistischen China geflüchtet! In Indien durfte er bislang nur für Besuchergruppen Audienzen halten; Privataudienzen zu geben wurde ihm von den indischen Behörden nur selten erlaubt – der junge Karmapa hatte darüber bei seinen Vertrauten geklagt. Möge Seine Heiligkeit von nun an ein etwas „normaleres" Leben führen können!

Was die Beziehung zwischen Urgyen Trinley Dorje und Trinley Thaye Dorje – dem anderen Jungen, der von den Anhängern Shamar Rinpoches als Inkarnation des Karmapa betrachtet wird – angeht, bin ich überzeugt, dass sich die beiden Tulkus von ihrer

Weisheit leiten lassen werden, sind sie doch beide ganz unmittelbar beeinflusst von den Wirren der jüngeren Geschichte Tibets. Dies zumindest ist mein Eindruck nach mehreren Begegnungen mit Trinley Thaye Dorje.

Für beide Jugendliche ist die Situation nicht einfach, aber der Dalai Lama praktiziert hinsichtlich ihrer Angelegenheit eine Politik der unterscheidenden Weisheit: Während er Urgyen Trinley Dorje als Reinkarnation des sechzehnten Karmapa anerkennt, übt er gegenüber Thaye Dorje und seinen Anhängern eine Haltung der Toleranz. Das Oberhaupt der Tibeter betonte in einer am 24. September 2000 in Frankreich gehaltenen Rede, dass beide Gruppen – die Anhänger Urgyen Trinley Dorjes ebenso wie diejenigen Trinley Thaye Dorjes – aus Männern und Frauen bestehen, die den Dharma achten, also den Lehren des Buddha folgen.

Bezüglich der persönlichen Entscheidung der einzelnen Lamas und Praktizierenden in der Kagyü-Linie meinte Seine Heiligkeit, dass „jeder frei sei, sich seinen geistigen Führer auszusuchen". Ist das nicht das Entscheidende?

Tatsächlich haben die Ereignisse in der Kagyü-Tradition einen fast schon symbolischen Charakter: Sie sind Teil des realpolitischen Spiels in diesem sensiblen Teil der Welt. Seitdem der Dalai Lama 1959 aus Tibet geflohen ist, hat die Volksrepublik China immer wieder versucht, seinen politischen Einfluss auf die Tibeter, die nicht ins Exil flüchten wollten oder konnten, zu schwächen. Ein Karmapa mit Sitz in Tsurphu, im Kloster der Kagyü-Schule schien ein ideales Gegengewicht und eine hervorragende Waffe im Friedensprozess zu sein, wie ihn sich die Mächtigen in Peking vorstellen. Die Angelegenheit hat durch die Entführung des rechtmäßigen Panchen Lama 1995, die Gerüchte um seinen Tod und die Installation eines anderen Kindes, eines Panchen Lama „nach Maß" zusätzlich an Gewicht gewonnen. Das chinesische Verhalten ist offensichtliches Unrecht, aber darüber hinaus stellt sich noch dringlicher als früher die Frage nach der Zukunft Tibets. Durch die Gefangennahme und den Austausch des durch Wiedergeburt auserwählten Kindes wird die metaphysische Kette unterbrochen und die Reinkarnationslinie verfälscht.

Es hieß Anfang Februar, dass der junge Karmapa als Erstes die heiligen Stätten des Buddhismus in Indien besuchen wird. Ein Aufenthalt im Kloster Rumtek ist noch nicht vorgesehen. Das Kloster Rumtek ist der Sitz der Karmapas in Sikkim, seitdem sich der sechzehnte Karmapa nach seiner Flucht aus Tibet dort niedergelassen hatte.[14]

Tibet ist ein gefährdetes Land geworden! Die Nationen der Erde und ihre Regierungen sind gleichgültig gegenüber dem, was dort geschieht; sie interessieren sich nicht für die Reinkarnationen, die sie nicht anerkennen, auch nicht für die Gebetsmühlen und diejenigen, die diese Kultur in einem aussichtslos scheinenden Kampf verteidigen. Ebensowenig kümmern sie die einzigartige Pflanzenwelt Tibets, die Mönche in ihren buntfarbigen Gewändern und die Klöster, diese Orte der Stille und der Meditation.

Es bleibt zu hoffen, dass dem Abendland all die fremden Ausdrücke und religiösen Gesten – *dharma* und *karma, khata* und *mala* – doch noch etwas bedeuten, ebenso wie Geist und Seele, wie Bücherverbrennungen, wie Kunst und Kultur und die gesamte, von schmerzhaften Erfahrungen gezeichnete Geschichte der Menschheit.

Und betrifft das, worum es geht, uns nicht unmittelbar, stellt sich in der so genannten Tibet-Frage nicht auch die Frage nach dem wahren Kern des Seins?

Anmerkungen

[1] Arbeitslager, auch „Umerziehungslager". Das Wort *laogai* verschwand 1994 aus dem Sprachgebrauch der chinesischen Kommunisten und wurde durch den Begriff *giayu* ersetzt, der für die Gefangenen „annehmbarer" sei. An den Realitäten änderte sich nichts.

[2] Nach seiner Ankunft in Dharamsala 1960 begann der Dalai Lama sofort mit der Bildung einer demokratischen Regierung. Dharamsala liegt im indischen Bundesstaat Himachal Pradesh. Dort hat auch das Parlament des tibetischen Volkes im Exil seinen Sitz, das aus sechsundvierzig Abgeordneten besteht. Sie werden alle fünf Jahre neu gewählt. Den Vorsitz hat der Ehrwürdige Samdhong Rinpoche.

[3] Im September 1949 richteten die Truppen von Mao Tsetung in Dartsedo – Grenzstadt zwischen Tibet und China –, und im Norden von Kham und Amdo ihre ersten Basislager ein, um von dort aus ihren „Endmarsch" nach Lhasa zu starten, wo sie im Oktober 1950 eintrafen.

[4] Harry Wu: Wer schweigt, macht sich schuldig, Bergisch Gladbach (Lübbe) 1996.

[5] Der 1893 geborene Mao Tsetung ist Mitbegründer der chinesischen kommunistischen Partei. Nach dem Sieg im 2. Bürgerkrieg (1946–1949) gegen die Nationalisten regierte er uneingeschränkt als Parteivorsitzender und Präsident der Volksrepublik (Staatsoberhaupt). Er starb 1976.

[6] Am 10. Oktober 1950 werden 800 000 „Freiwillige" unter dem Befehl von Peng Dehuai nach Korea versetzt. Der Krieg dauert drei Jahre und kostet Millionen Tote. Die Amerikaner denken darüber nach, einen Sperrgürtel um das Land zu ziehen, um die Volksrepublik China daran zu hindern, den kommunistischen „Virus" auf ganz Asien zu übertragen.

[7] Deng Xiaoping (1904–1997) wurde 1956 zum Generalsekretär der chinesischen kommunistischen Partei ernannt; 1973 wird er Stellvertretender Ministerpräsident. Diesen Posten behält er bis 1976. Nach 1987 wird er der eigentliche Machthaber innerhalb der Volksrepublik China. Ihm hatte Mao Tsetung 1949 den Befehl gegeben, Tibet zu „befreien".

[8] Zwischen 1911 und 1939 wurde Sichuan von 475 Bürgerkriegen heimgesucht, dieses Gebiet in China gilt als rückständig und besonders stark von Korruption betroffen.

[9] Der Dalai Lama ist am 17. März 1959 ins Exil geflüchtet. Seitdem folgten ihm 85 000 Tibeter. Heute leben mehr als 140 000 Tibeter in der Nähe ihres geistigen und weltlichen Führers.

[10] Seit dem XVII. Jahrhundert ist in der tibetischen Verfassung vorgesehen, dass der Dalai Lama seine weltlichen Aufgaben im Alter von achtzehn Jahren übernimmt. Wegen der Bedrohung seines Landes übertrug man ihm bereits mit sechzehn Jahren die Macht. Die Zeremonie der Thronbesteigung fand am 17. November 1950 statt.

[11] Thubten Gyatso, der dreizehnte Dalai Lama, erklärte Tibet am 14. Februar 1913 für unabhängig, nachdem alle nationalistisch eingestellten Chinesen aus der Hauptstadt Lhasa vertrieben waren. Er starb 1933; in einem Testament aus dem Jahr 1932 sagte er seinen Landsleuten ein dunkles Schicksal voraus.

[12] Die Hauptstadt Lhasa befindet sich in 3500 Metern Höhe; Shigatse, die zweitgrößte Stadt des Landes, in 3900 Metern Höhe. Vor der Invasion war das tibetische Gebiet mehr als fünfmal so groß wie Frankreich.

[13] Vorbuddhistische Religion Tibets, von persischem und indischem Gedankengut beeinflusst.

[14] Der früher unabhängige Himalya-Staat Sikkim ist seit 1975 Teil von Indien. Diese Zugehörigkeit wird allerdings bis heute von China nicht anerkannt. Insofern gilt der kleine indische Bundesstaat an der chinesischen grenze als Sondergebiet mit höchster Sicherheitsstufe.

Empfang in der Residenz S. H. des Dalai Lama zusammen mit S. H. dem 17. Karmapa und den höchsten Lehrern der Karma-Kagyü-Linie, Dharamsala/Indien, 21. Aug. 2000

Empfang in der Residenz S. H. des Dalai Lama in Dharamsala/Indien, 21. Aug. 2000

3. Karma Kagyü-Konferenz im Gyuto Ramoche-Kloster/Indien. S. H. der 17. Karmapa gibt eine Langlebenseinweihung – 20. Aug. 2000

3. Karma Kagyü-Konferenz im Gyuto Ramoche-Kloster/Indien. S. H. der 17. Karmapa gibt eine Langlebenseinweihung – 20. Aug. 2000

Schlussveranstaltung 3. Karma Kagyü-Konferenz. S. H. Karmapa, umgeben von
Konferenzteilnehmern. 21. Aug. 2000

Schlussveranstaltung 3. Karma Kagyü-Konferenz. S. H. Karmapa mit Clemens Kuby, Regisseur des Kinofilms „Living Buddha"

Empfang in der Residenz S. H. des Dalai Lama in Dharamsala/Indien, 21. Aug. 2000

Anhang

Zentrale Begriffe des tibetischen Buddhismus

Dalai Lama:

Das Wort *dalai* stammt aus dem Mongolischen und bedeutet „Ozean". Auf Tibetisch entspricht *lama* dem indischen Begriff *guru* – „geistiger Lehrmeister". Im Allgemeinen wird *Dalai Lama* mit „Ozean der Weisheit" übersetzt.

Dieser Titel wurde zum ersten Mal 1578 von dem Mongolenfürsten Altan Khan an Sonam Gyatso (1543–1588) verliehen.

Der Dalai Lama wird als eine der menschlichen Manifestationen des Chenresig, des Buddha des Mitgefühls, betrachtet.

Zum ersten Mal in der Geschichte Tibets übernahm 1642 der fünfte Dalai Lama die politische Macht und führte eine konstitutionelle Verfassung ein, die die tibetische Regierung bis 1959 beibehalten hat – dem Jahr, in dem der heutige Dalai Lama ins Exil floh.

Seit dem XVII. Jahrhundert steht es den Dalai Lamas aufgrund ihrer politischen und geistigen Oberhoheit zu, Inkarnationen – die Wiederverkörperung von buddhistischen Lehrern – zu bestätigen.

Panchen Lama:

Der Dalai Lama wird häufig zusammen mit dem Panchen Lama genannt. Der Titel *panchen* leitet sich ab aus den jeweils ersten Silben des Sanskritwortes *pandita* – „Gelehrter" – und des tibetischen Adjektivs *chenpo* – „groß". Der fünfte Dalai Lama verlieh diese Bezeichnung dem Abt des Klosters Tashilhunpo, das vom ersten Dalai Lama in der Nähe von Shigatse gegründet wurde. Der Panchen Lama hat eine rein geistige Funktion. Er – wenn er zum jeweiligen Zeitpunkt am Leben ist – bestimmt die Reinkarnation des Dalai Lama. Seine Rolle im tibetischen Buddhismus ist also von zentraler Bedeutung.

Karmapa:
Milarepa[1] wird als größter Yogi-Dichter des tibetischen Buddhismus angesehen. Als Schüler Marpas[2] setzte er die Lehren und Erfahrungen seines Lehrers in die Praxis um. Diese Unterweisungen mündeten in die Gründung der Existenzlinie der Kagyü-pa.

Milarepas Hauptschüler war Gampopa, der wiederum Düsum Khyenpa (1110–1193) unterrichtete. Dieser gründete 1147 die Existenzlinie unter dem Namen *Karma-Kagyü-pa.*

Düsum Khyenpa gründete das Kloster Karma in der Region Kham. Von diesem Kloster leitet sich der Name *Karmapa* her, was „Meister des *Karma**“ bedeutet („der, der die Aktivität – Karma – alles Buddhas verkörpert").

Mit Düsum Khyenpa wurde die bewusste Reinkarnation als Wahl zur Bestimmung des geistigen Oberhauptes institutionalisiert, um die Kontinuität der Übertragungslinie zu gewährleisten. Er prophezeite, dass er nach seinem Tod sich wieder verkörpern würde, und hinterließ einen Brief, in dem er bis ins Detail aufführte, woran seine Reinkarnation zu erkennen sein würde. Damit schuf er eines der maßgeblichen Kennzeichen des tibetischen Buddhismus.

Die Funktion des Karmapa (im Vergleich mit der des Dalai Lama) rein geistiger Natur.

Die Übertragungslinien des tibetischen Buddhismus:
Der tibetische Buddhismus, der im Jahr 779 Staatsreligion wurde, umfasst heute vier große Schulen oder Linien:
- die Nyingma-pa;
- die Sakya-pa;

- die Kagyü-pa, aus der der heutige Karmapa hervorgegangen ist;
- die Gelug-pa, aus der der heutige Dalai Lama und der Panchen Lama hervorgegangen sind.

Der Buddhismus in den Worten des heutigen Dalai Lama:
„Ein Verhalten ist Ausdruck einer Philosophie. Wenn Sie anderen lebenden Wesen helfen können, dann tun Sie es. Wenn sie es nicht können, dann vermeiden Sie wenigstens, ihnen Schmerz zuzufügen. Wir nennen dies *ahimsa*[3]: gewaltfreies Verhalten, das sich auf Mitgefühl gründet; nicht aus Angst davor, Negativität anzusammeln, sondern eher aus einer freigebigen Haltung heraus, die uns daran hindert, andere zu verletzen (...)

Betrachten wir nun den philosophischen Aspekt. Alle Dinge stehen miteinander in Verbindung. Zukünftiges Wohlergehen oder Leiden hängt von vergangenem Handeln ab. Beides ist nicht voneinander zu trennen. Wir nennen das Interdependenz. Es ist also von Vorteil, im alltäglichen Leben eine heilsame Haltung des Denkens und Handelns einzunehmen. Dann kann sich auch der Erfolg einstellen. Das ist der Kern des Buddhismus. Weil ihr euer eigener Herr seid, hängt alles von euch selbst ab. So kann man den buddhistischen Glauben definieren."[4]

Tulku:
Die Idee der Reinkarnation gehört zur philosophischen Struktur des Buddhismus. Sie gilt nicht als Lehre des Buddha, sondern wird von allen Asiaten – gleich welcher Religion – als natürliches Phänomen betrachtet, als eine eindeutige Tatsache eben. Der Buddha hat gezeigt, dass es kein „Ich" oder keine „Seele" gibt, die wandert, sondern dass es sich um ein Bewusstseinskontinuum handelt. Dieser kontinuierliche Energiestrom veranlasst, dass sich ein Leben aus dem vorhergehenden ergibt.

Ein Individuum, das sich auf einer sehr hohen geistigen Entwicklungsstufe befindet, kann vermutlich im Augenblick seines Todes diesen Energiefluss lenken – in Richtung seines Tulku, der tibetischen Bezeichnung für einen reinkarnierter Lama.

Ein Tulku ist also nicht die gleiche Person wie der frühere Lama, aber die aktive Fortsetzung seiner positiven Eigenschaften, seiner Weisheit und seiner Segenswünsche.

Dieses Phänomen hat es im Buddhismus schon immer gegeben, aber man hat ihm keine besondere Aufmerksamkeit geschenkt. Erst im Tibet des XI. Jahrhunderts hat ein Lama unter dem Namen Karmapa auf die Umstände hingewiesen, unter denen sein Tulku wiedererscheinen würde. Dieser hat den Namen seines Vorgängers übernommen und somit die Geburtsstunde der ersten Linie der „Reinkarnation" eingeläutet.

Dieses System, das sich sowohl auf geistiger als auch auf weltlicher Ebene bewährt hat, entwickelte sich im Laufe der Jahrhunderte weiter. Es führte im XV. Jahrhundert zur Entstehung der Linie der Dalai Lamas und im XVII. Jahrhundert zum Beginn der Linie der Panchen Lamas.

Rinpoche:
Ehrenbezeichnung für einen hochrangigen geistigen Lehrmeister. Ein Beispiel: Dalai Lama ist eine mongolische Bezeichnung, die sowohl in China als auch in der westlichen Welt gebraucht wird. Die Tibeter nennen den Dalai Lama Gyalwa Rinpoche: „Kostbarer Buddha".

Die Wiedergeburt aus der Sicht des heutigen Dalai Lama:
Die Erklärungen des Dalai Lama sind hilfreich für ein besseres Verständnis der buddhistischen Interpretation der Begriffe „Wiedergeburt" und „Reinkarnation". Es beruht in erster Linie auf der Vorstellung von der Kontinuität des Bewusstseins. Der Dalai Lama nennt ein Beispiel aus der Welt der Physik: „Wir nehmen an, dass man alle Elemente, die sich in unserem Universum befinden

– sogar auf verschwindend kleinstem Niveau –, auf ihren Ursprung zurückführen kann, bis zum Anfangspunkt, wo alle materiellen Elemente dieser Welt in dem kondensiert sind, was wir mit einem Fachausdruck als ‚Raumteilchen' bezeichnen. Diese Partikel wiederum sind das Zerfallsergebnis eines früheren Universums. Es gibt also einen Zyklus, in dem sich das Universum weiterentwickelt, zerfällt und neu entsteht. Unser Geist funktioniert analog. Es ist ganz offensichtlich, dass wir etwas besitzen, das wir ‚Geist' oder ‚Bewusstsein' nennen: Unsere Erfahrung bezeugt es. Auch ist klar erkennbar, dass das, was wir ‚Geist' oder ‚Bewusstsein' nennen, Veränderungen unterworfen ist, wenn es unterschiedlichen Bedingungen und Umständen ausgesetzt ist – ein Beweis für seine konstant veränderliche Natur, für seine Prädisposition zur Wandlung.

Es ist auch offenbar, dass auf der gröbsten Ebene der ‚Geist' oder das ‚Bewusstsein' mit den physischen Zuständen des Körpers eng verbunden ist; tatsächlich hängt er von ihnen ab. Dennoch muss es eine gewisse Basis geben, eine Energie oder Quelle, die es dem Geist ermöglicht, in seiner Interaktion mit den materiellen Teilchen lebende Wesen, die Bewusstsein haben, zu produzieren. In materieller Hinsicht befindet sich diese Basis zweifellos in Kontinuität mit der Vergangenheit. Wenn Sie jetzt zum Ursprung unseres heutigen Geistes oder Bewusstseins zurückkehren, werden Sie sich darüber klar, dass Sie auf den Ursprung der Kontinuität des Geistes bis in unendliche Dimensionen zurückkommen. Das gilt auch für den Ursprung des materiellen Universums. Wie Sie feststellen, ist die Kontinuität des Geistes ohne Ursprung.

Folglich muss es aufeinanderfolgende Wiedergeburten geben, um das Kontinuum des Geistes fortzusetzen.

Der Buddhismus glaubt an die universelle Kausalität: Alles unterliegt der Veränderung, den Ursachen und den Bedingungen. Es ist also kein Platz für einen göttlichen Schöpfer, auch nicht für eine „plötzliche Entstehung" der Wesen. Im Gegenteil, alles offenbart sich als Folge von Ursachen und Bedingungen. Also ist der Zustand des „Geistes" oder des „Bewusstseins" das Ergebnis seiner vorausgegangenen Momente.

Es gibt zwei Typen von Ursachen und Bedingungen: die substantiellen „Ursachen", die am Anfang der Ereignisse stehen, und die verschiedenen „Faktoren", die dazu beitragen, die Situation der Kausalität hervorzurufen. Im Falle des Geistes und des Körpers – auch wenn der eine den anderen beeinflusst – kann der eine nicht die substantielle Ursache für den anderen sein.

Auf dieser Basis anerkennt der Buddhismus die Idee der Wiedergeburt."[5]

Anmerkungen

[1] 1040–1123. Dieser große Dichter und Mystiker war der Schüler von Marpa, einem Gelehrten, der in Bengalen die Kunst der Bewusstseinsübertragung in einen anderen Körper oder in ein Paradies studierte. Er verbrachte die zweite Hälfte seines Lebens als Eremit in einer Höhle.

[2] 1012–1096. Marpa – auch „der Übersetzer" genannt – lebte nicht als Mönch. Er vereinbarte Familienleben und spirituellesLeben.

[3] Lehre vom gewaltfreien politischen Handeln, die Mahatma Gandhi am Anfang des letzten Jahrhunderts in Indien verkündete. Am 21. September 1985 gab Seine Heiligkeit Tenzin Gyatso in Washington eine Erklärung ab, in der er sich auf die Lehre Gandhis bezog. Diese Erklärung gilt bis heute als Friedensplan und als Fünf-Punkte-Programm der Regierung, in dem die Umwandlung Tibets in eine Friedenszone vorgeschlagen wird. 1975 schlug der König von Nepal dasselbe für sein Land vor und erhielt die Unterstützung von 117 Mitgliedern der Vereinten Nationen. Auch Michail Gorbatschow unterbreitete den Plan, die chinesisch-sowjetische Grenze zu entmilitarisieren und in eine Zone des Friedens und guter Nachbarschaft zu verwandeln.

[4] Gilles van Grasdorff: *Paroles des dalai lamas*, a.a.O.

[5] Ebd.

Die vierzehn Dalai Lamas

Erster Dalai Lama: Gendün Drup
(1391–1475)
Zweiter Dalai Lama: Gyalwa Gendün Gyatso
(1475–1542/43)
Dritter Dalai Lama: Gyalwa Sönam Gyatso
(1543–1588)
Vierter Dalai Lama: Yönten Gyatso
(1589–1617)
Fünfter Dalai Lama: Ngawang Lobsang Gyatso
(1617–1682)
Sechster Dalai Lama: Rigdzin Tsangyang Gyatso
(1683–1706)
Siebter Dalai Lama: Kelsang Gyatso
(1708–1757)
Achter Dalai Lama: Jampel Gyatso
(1758–1804)
Neunter Dalai Lama : Lungtok Gyatso
(1806–1815)
Zehnter Dalai Lama: Tsultrim Gyatso
(1816–1837)
Elfter Dalai Lama: Khedrup Gyatso
(1838–1856)
Zwölfter Dalai Lama: Trinle Gyatso
(1856–1875)
Dreizehnter Dalai Lama: Thubten Gyatso
(1875–1933)
Vierzehnter Dalai Lama: Tenzin Gyatso
(6. Juli 1935)

Die elf Panchen Lamas

Erster Panchen Lama: Khedrup Gelek Pelsang
(1385–1438)
Zweiter Panchen Lama: Sönam Chöklang
(1439–1504)
Dritter Panchen Lama: Ensa Lobsang Töndrup
(1505–1564)
Vierter Panchen Lama: Lobsang Chökyi Gyaltsen
Erster Träger des Titels
(1570–1662)
Fünfter Panchen Lama: Lobsang Yeshe
(1663–1737)
Sechster Panchen Lama: Palden Yeshe
(1738–1780)
Siebter Panchen Lama: Tenpe Nyima
(1782–1854)
Achter Panchen Lama: Tenpe Wangchuk
(1855–1882)
Neunter Panchen Lama: Chökyi Nyima
(1883–1937)
Zehnter Panchen Lama: Chökyi Gyaltsen
(1938–1989)
Elfter Panchen Lama: Gendün Chökyi Nyima
(25. April 1989)

Die siebzehn Karmapas

Erster Karmapa: Düsum Khyenpa
(1110–1193)
Zweiter Karmapa: Karma Pakshi
(1204–1283)
Dritter Karmapa: Rangjung Dorje
(1284–1339)
Vierter Karmapa: Rölpä Dorje
(1340–1383)
Fünfter Karmapa: Deshin Shekpa
(1384–1415)
Sechster Karmapa: Tongwa Dönden
(1416–1453)
Siebter Karmapa: Chödrak Gyatso
(1454–1506)
Achter Karmapa: Mikyö Dorje
(1507–1554)
Neunter Karmapa: Wangchuk Dorje
(1556–1603)
Zehnter Karmapa: Chöying Dorje
(1604–1674)
Elfter Karmapa: Yeshe Dorje
(1676–1702)
Zwölfter Karmapa: Changchub Dorje
(1703–1732)
Dreizehnter Karmapa: Düdül Dorje
(1733–1797)
Vierzehnter Karmapa: Tekcho Dorje
(1798–1868)
Fünfzehnter Karmapa: Khakyap Dorje
(1871–1922)

Sechzehnter Karmapa: Rangjung Rigpe Dorje
(1923–1981)
Siebzehnter Karmapa: Urgyen Trinley Dorje
(1985)

Das besetzte Tibet

Fläche: 2,5 Mio. km²
Hauptstadt: Lhasa
Bevölkerung: 6 Mio. Tibeter, über 8 Mio. Chinesen.
Religion: 90 % Buddhisten; die Bön-Religion (ursprüngliche Religion Tibets); Islam und Katholizismus werden ebenfalls ausgeübt.
Sprache: Tibetisch (tibetisch-birmanische Sprachfamilie). Vorgeschriebene Amtssprache ist Chinesisch.
Grundnahrungsmittel: Tsampa (geröstetes Gerstenmehl).
Nationalgetränke: Chang (Bier auf Gerstenbasis), gesalzener Buttertee.
Durchschnittliche Höhenlage: 4300 Meter.
Höchster Berg: Chomolungma (tibetischer Name für den Mount Everest), 8848 Meter.
Tierwelt: Yak, Bharal (blaues Schaf), Moschustier, tibetische Antilope, tibetische Gazelle, Kiang (wilder Esel), Panda und Ica (eine große Antilopenart)
Vögel: Schwarzhalskraniche, Lämmergeier, großer Haubentaucher, kahlköpfige Gans, regenbogenfarbige Ente, Ibis.
Umweltzerstörung: massiver Kahlschlag in Osttibet, Wilderung der großen Säugetiere. Exzessive Ausbeutung der Bodenschätze und anderer natürlicher Ressourcen.
Durchschnittliche Niederschlagsmenge: schwankt sehr stark – im Westen von 1 mm im Januar bis zu 25 mm im Juli. Im Osten von 25–50 mm im Januar bis 800 mm im Juli.
Bodenvorkommen: Bauxit, Uran, Eisen, Kupfer, Chrom, Kohle, Salz, Glimmer, Lithium, Zinn, Gold und Erdöl.
Hauptflüsse: Zachu (Mekong), Drichu (Jangtse), Machu (Huang He = Gelber Fluss), Gyalmo Ngulchu (Salween), Tsangpo (Brahmaputra), Senge Khabab (Indus) und Langchen (Satluj).
Ökonomie: Die Tibeter arbeiten überwiegend in Landwirtschaft

und Viehzucht, die Chinesen sind in der Regierung, im Handel und im Dienstleistungsbereich tätig.

Provinzen: U-Tsang (Zentraltibet), Amdo (Nordost-Tibet), Kham (Südost-Tibet), Ngari im Südwesten und Changchang im Norden.

Nachbarländer: Indien, Nepal, Bhutan, Birma, östliches Turkistan, die Mongolei und China.

Nationalflagge: Sie zeigt einen Berg, Schneelöwen und eine Sonne mit roten und blauen Streifen. In Tibet darf sie nicht gezeigt werden.

Staatsoberhaupt: Seine Heiligkeit, der vierzehnte Dalai Lama (vollständiger Titel: Jetsun Ngawang Lobsang Yeshi Tenzin Gyatso Sisum Wangyur Tsunpa Mepai Dhe Palsangpo).

Regierung: Demokratische Exilregierung (parlamentarische Regierung).

Regierung in Tibet: kommunistisch.

Beziehungen zu China: kolonial.

Status: besetztes Land.

Tibet im Exil

Bevölkerung: etwas mehr als 140 000 Tibeter leben im Exil (Indien: 110 000; Nepal: 25 000; Bhutan: 2000; Schweiz: 2500; USA: 1500; Kanada: 500; Frankreich: mehrere Hundert, Deutschland: ca. 200.

Regierung: demokratische Regierung unter der Leitung Seiner Heiligkeit, des vierzehnten Dalai Lama.

Minister: Erziehung, Finanzen, Gesundheit, Inneres, Information und Internationale Beziehungen, Religiöse und kulturelle Angelegenheiten, Sicherheit.

Regierungssitz: Dharamsala, Himachal Pradesh (Indien).

Parlamentssitz: Dharamsala. Das Parlament besteht aus 46 Abgeordneten.

Internationale Vertretungen: Tokio, Canberra, Kathmandu, Neu-Delhi, Budapest, Moskau, Paris, London, New York, Washington, Genf, Sydney, Taipeh.

Regierungsangestellte: über 2000.

Jahresbudget: knapp 54 000 Euro.

Regierungseinkünfte: jährliche Steuereinkünfte (freiwillig); Einkünfte aus Handel und Spenden.

Streitkräfte: keine.

Sprache: Tibetisch. Die Sprache des Gastlandes wird ebenfalls gesprochen.

Alphabetisierung: 95 % der tibetischen Kinder im Exil besuchen die Schule.

Häufigste Krankheiten: Tuberkulose, Malaria, Darmerkrankungen.

Ökonomie: Landwirtschaft, Nahrungsmittelsektor, Kunsthandwerk, Kleinhandel, Teppichweberei.

Rechtmäßiges Statut: Staatenlose. Ein kleiner Prozentsatz der Tibeter besitzt einen ausländischen Pass. Die meisten sind im Besitz eines indischen Einwanderungsbescheides.

Glossar

Barkhor: innerer Umrundungsweg in Lhasa, führt um den Jokhang-Tempel. Die Pilger umrunden betend den Tempel im Uhrzeigersinn.

Bodhisattva: spirituell hochentwickeltes Wesen, das die Erleuchtung anstrebt zum Wohle aller Lebenwesen; wörtlich: „Erleuchtungswesen".

Bön: alte tibetische Religion, die schon vor der Einführung des Buddhismus existierte.

Chörten: religiöses Monument, in dem häufig Reliquien aufbewahrt werden (siehe *stupa*).

Chuba: traditionelle Wickelkleidung der Tibeter, wird von Frauen und Männern getragen.

Dakini: Sanskritausdruck, wörtlich: „Jene, die im Himmelsraum tanzen". Die *Dakinis* repräsentieren die nicht-dualistische Weisheit der Leerheit. Manche können „zornvoll" und „furchterregend" erscheinen. Sie sind den weiblichen Meditationsgottheiten, den *Yidam* vergleichbar. Auch erscheinen sie als Himmelswandlerinnen und Beschützerinnen, oder sie sind weibliche *Bodhisattvas*, die gute Taten für alle Wesen vollbringen.

Dharma: dieses Sanskritwort hat zahlreiche Bedeutungen. Hier ist es im Sinne der Lehren des Buddha gemeint.

Hinayana: die Lehren des „Kleinen Fahrzeugs"; sie fördern die geistige Disziplin und dienen dem Erlangen individueller Befreiung.

Kalachakra: eine der Gottheiten, die die tantrischen Lehren des tibetischen Buddhismus verkörpern.

Karma: zentraler Begriff des Buddhismus. Wörtlich: „Tat". Das „Gesetz von Ursache und Wirkung", welches das Schicksal der Lebewesen bestimmt.

Khata: weißer Zeremonienschal, meist aus Seide, der Lamas, der Familie und Freunden zu besonderen Gelegenheiten als Opfergabe dargebracht wird.

Lama: Lehrmeister des tibetischen Buddhismus.

Linien oder buddhistische Schulen: der tibetische Buddhismus ist im *Mahayana* verankert („Großes Fahrzeug", siehe unten), den Lehren des Buddha, die seit dem ersten Jahrhundert unserer Zeitrechnung einen großen Aufschwung genommen haben. Der tantrische Buddhismus des Großen Fahrzeugs, der im VII. Jahrhundert in Tibet gelehrt wurde, führte zur Bildung von unterschiedlichen Linien oder Schulen. Die Schule der „Alten", oder Nyingma-pa, die im VIII. Jahrhundert gegründet wurde, vereint die ältesten Lehren, welche Padmasambhava – auch *Guru Rinpoche* genannt – in Tibet einführte. Die der Kagyü-pa, die Schule der „mündlichen Übertragung", etablierte sich im XI. Jahrhundert. Marpa, auch „der Übersetzer" genannt, brachte aus Indien die Lehren indischer Lehrmeister mit. Er übermittelte sie seinem berühmten Schüler Milarepa. Die Linie der Sakya-pa – nach ihrem Gründungskloster im Westen Tibets benannt – konstituierte sich im VI. Jahrhundert. Die Gelug-pa, „die Tugendhaften", sind aus der Reform Tsongkhapas im XV. Jahrhundert hervorgegangen. Der Dalai Lama, der in erster Linie der Schule der Gelug-pa verbunden ist, studierte auch alle Grundlagen der drei anderen Schulen. Er wird von allen als geistiges und weltliches Oberhaupt von Tibet anerkannt.

Laogai: chinesische Bezeichnung für Lager, in denen Zwangsarbeit als Mittel zur Umerziehung eingesetzt wird. 1994 wurden die *laogai* umbenannt in *giayu*; dieses Wort klingt etwas angenehmer in den Ohren derjenigen, die sich nach Ansicht der

Herrschenden ein bisschen zu sehr um die Menschenrechte in China kümmern.

Losar: Neujahr. Die Zeremonien für das tibetische Neujahrsfest beginnen in der letzten Woche des zwölften Monats und sollen Negativität und Hindernisse für das Neue Jahr auflösen. Neujahr ist der Anlass für große Feierlichkeiten. Das erste tibetische Neujahr wurde 127 v. Chr. begangen (Beispiel: 1998 = 2125 im tibetischen Kalender).

Mahayana: die Lehren des „Großen Fahrzeugs" basieren auf Mitgefühl.

Mala: Gebetskette. Sie wird verwendet, um die Mantras zu zählen. Entspricht dem Rosenkranz; hilft, die Aufmerksamkeit wach zu halten.

Mani-Steine: Steine mit Gravur, der Name bezieht sich auf die Silben des Mantras *Om Mani Padme Hum*. Man findet sie überall in Tibet, vor allem aber an heiligen Stätten.

Mantra: rituelle Formel, die sowohl im Hinduismus als auch im Buddhismus als Meditationshilfe verwendet wird. *Om Mani Padme Hum* ist das bekannteste Mantra in Tibet: es ist das Mantra, die innere Schwingung von Chenresig, dem Bodhisattva des Mitgefühls und Beschützer des Landes.

Mara: Symbol für die Kräfte der Verführung, die mitunter sehr stark werden können und den Geist schwächen.

Mönlam Chenmo: wörtlich: das „Große Gebet". Dieses religiöse Fest – Tsongkhapa führte es im Jahr 1409 ein – wird in den ersten fünfzehn Tagen des tibetischen Neujahrs gefeiert. Zu diesem Anlass versammelten sich früher bis zu fünfzigtausend Personen in Lhasa.

Naga: Wassergottheiten; sie sind ein Erbe der Bön-Religion, die vor dem Buddhismus in Tibet praktiziert wurde.

Nechung (Orakel von): nach tibetischer Tradition bezeichnet das

Wort „Orakel" den Geist, der in eine Person eintritt. Mit Hilfe des Orakels wird diese Person zum Medium zwischen den geistigen und weltlichen Reichen. Die Tibeter nennen diese Person *Kuten-la*, was wörtlich „physischer Träger" heißt. Das *la* ist eine Respektbezeichnung, die an das Wort angefügt wird. In Tibet erzählt man sich, dass der Geist von Nechung im Jahre 1544 zum ersten Mal in den Körper eines menschlichen Wesens eintrat.

Nirvana: Zustand jenseits des Leidens, der in allen Schulen angestrebt wird, den der Bodhisattva aber nicht nur für sich selbst zu verwirklichen trachtet, sondern zu dem er allen Wesen verhelfen will.

Puja: religiöse Zeremonie oder Gebete.

Regent: Es gibt einen Regenten des Dalai Lama bzw. Tibets sowie Regenten der jeweiligen Oberhäupter der Schulen. Ein Regent ist der geistige Führer einer Traditionslinie, der die Führung in Abwesenheit des traditionell inthronisierten Oberhauptes übernimmt (also nach dessen Tod/bis zur Volljährigkeit/während einer Krankheit oder wenn das jeweilige Oberhaupt auf langen Reisen ist).

Rinpoche: „Kostbarer", Ehrentitel für einen hochrangigen spirituellen Lehrmeister.

Rote Lamas: Bezeichnung für jene buddhistischen Lehrer, die im Dienst der Kommunisten stehen.

Samaya: heiliges Gelübde, das den Schüler an seinen Lehrer bindet.

Samsara: der Kreislauf der Wiedergeburten, der vom Leiden geprägt ist – diese Auffassung teilen die Buddhisten mit den Hinduisten. Nach buddhistischer Lehre gibt es nur einen Weg, sich daraus zu befreien: den Weg der Erleuchtung; die Lehre des Buddha Shakyamuni.

Stupa: religiöses Monument, in dem häufig Reliquien aufbewahrt werden (s. *chörten*).

Sutra: Predigt oder Lehrrede des historischen Buddha Shakyamuni. Häufig in Dialogform zwischen Buddha und seinen Schülern über ein bestimmtes Thema.

Tantra: Lehren und Schriften des Vajrayana-Buddhismus.

Thanka: religiöses Gemälde, gründet in der Kunstepoche der indischen Pala-Dynastie. Die Tibeter setzten die Tradition der indischen Buddhisten fort und folgten gewissenhaft den Anleitungen buddhistischer Künstler aus Nepal. Im VII. Jahrhundert entwickelte sich in Zentraltibet unter der Regentschaft König Songtsen Gampos die Thanka-Malerei.

Tsampa: Geröstetes Gerstenmehl.

Tsa-tsa: Tonfigur, die meist einen Buddha oder einen *Stupa* darstellt. Diesen Statuen werden übernatürliche Eigenschaften zugesprochen. Sie enthalten häufig Reliquien oder Asche aus der Verbrennung eines geistigen Lehrmeisters.

Tulku: Inkarnierter (bewusst wiedergeborener) Lama.

Vajrayana: das „Diamantfahrzeug", geheime Lehren des Buddhismus.

Dank

Dieses Buch über die Flucht des siebzehnten Karmapa wäre nicht entstanden, wenn mich die tibetische Exilregierung und die Gemeinschaft der Exiltibeter in Indien nicht so herzlich aufgenommen hätte.

Mein Dank geht zunächst an Herrn Tempa Tsering, den Sekretär der Abteilung für Information und Internationale Beziehungen, schon seit langem mein Freund und Helfer, und an die gesamte tibetische Exilgemeinschaft – insbesondere an Jetsun Pema – für ihren täglichen Beistand. Ich danke auch meinen Freunden Palden Gyatso und Tendzin Chödrak – letzterer lehrte mich, was Toleranz, Liebe und Verzeihung bedeuten – und dem Ehrwürdigen Thubten Ngobub, Orakel von Nechung, der mir in schweren Zeiten Mut zugesprochen hat.

Auch Marie José Lamothe, die Milarepa wundervoll übersetzt hat, soll nicht ungenannt bleiben.

Schließlich danke ich:
Den Herren Senatoren Claude Huriet, Louis de Broissia und dem Abgeordneten Richard Cazenave für ihren treuen Beistand; André Heiderscheid, Paul Zimmer, Léon Zeches, Marcel Kieffer und der gesamten Redaktion, die mit dafür gesorgt hat, dass dieses große Abenteuer zu einem guten Ende kam; Jean Lassale, Yves Serre und Liliane Nonclerc für ihre treue Freundschaft und ihren täglichen Rat; Evelyne Nickel für ihre freundschaftliche Verbundenheit; William Piccione für seine Umsicht in stürmischen Zeiten; Philippe Horellou, François, Françoise Bruxeille und Antoine, Jean-Pierre Chambraud für ihre Freundschaft und ihr stilles Einverständnis; und Marie für ihre nicht immer grenzenlose Geduld.

Literatur

Avedon, John F.: In Exile from the Land of Snows, (HarperCollins) 1998

Barraux, Roland: Die Geschichte der Dalai-Lamas, Frechen (Komet) 2000

Bell, Charles: The Land of the Lamas, London (Secley Services & Co.) 1929

– Tibet Past and Present, Delhi (Motilal Banarsidass), Neuausg. 1992.

Comité juridique d'enquête sur la question du Tibet: Le Tibet et la République populaire de Chine, Genf 1997.

Commission internationale des juristes: La question du Tibet et la primauté du droit, Genf 1960.

Dalai Lama XIV. : Mein Leben und mein Volk, München (Droemer Knaur) 1982, Neuaufl. 1992.

– Das Buch der Freiheit, Bergisch Gladbach (Lübbe) 1990.

– Tibet – Ort der Götter, Land der Tränen, Freiburg (Herder Spektrum 4497), 2. Aufl. 1998.

Deshayes, Laurent: Histoire du Tibet, Paris (Editions Fayard) 1997

Donnet, P.A.: Tibet, mort ou vif, Paris (Gallimard) 1990

Douglas, Nik/White, Meryl: Karmapa, (Arche-Milano) 1976

– Karmapa the Black Hat Lama of Tibet, (Luzac) 1976

Goldstein, Melvyn C.: A History of Modern Tibet, Los Angeles (University of California Press) 1986

Harrer, Heinrich: Sieben Jahre in Tibet, Berlin (Ullstein) 1997

Holmes, Ken: Seine Heiligkeit der 17. Gyalwa Karmapa Urgyen Trinley Dorje, Seeon (Falk) 1997

Jetsun Pema: Zeit der Drachen, Hamburg (Hoffmann & Campe) 1997

Khentin Tai Situpa: Way to Go (KDDL)

Lama Karma Thinley: The History of the Sixteen Karmapas of Tibet, (Prajna Press) 1980

Lamothe, Marie-José: Dans les pas de Milarepa, Paris (Albin Michel) 1998

Maraini, Fosco: Tibet secret, Paris (Arthaud) 1990

Milarepa: Milarepas gesammelte Vajra-Lieder, Berlin (Theseus), Bd. 1: 1996, Bd. II: 1997

Ngapo Ngawang Jigme: Tibet (PML Editions) 1989

Palden Gyatso: Ich, Palden Gyatso, Mönch aus Tibet, Bergisch Gladbach (Lübbe) 1998

Richardson, H.E.: Tibet and its History, Oxford (Oxford University Press) 1962

Rockhill Woodwille, W.: The Dalai-Lamas of Lhassa and their Relationships with the Manchu Emperors of China, 1644–1908

Shakabpa, W.D.: Tibet, a political History, New York (Potala Publications) 1984

Surkhang Wangchen Gelek, The Critical Years: the thirteenth Dalai Lama, in: Tibet Journal

Van Grasdorff, Gilles: Panchen-lama, l'otage de Pékin, Paris (Ramsay)

Van Walt van Praag, Michael: The Status of Tibet, Colorado 1987

Wu, Harry: Wer schweigt, macht sich schuldig, Bergisch Gladbach (Lübbe) 1996

Younghusband, Francis: India and Tibet, 1910

sowie diverse tibetische Texte, die in Dharamsala aufbewahrt werden.

Adressen

Sie können den tibetischen Flüchtlingen und politischen
Gefangenen helfen, ...

... indem Sie die Patenschaft für ein Kind übernehmen:
Tibetan Children's Village (Tibetisches Kinderdorf)
Dharamsala Cantt – 176216
Distt. Kangra, H. P. (India)

Per Scheck an das Tibetan Children's Village
oder per Banküberweisung an die Konto-Nr. C-310 300 792
American Express Bank, New Delhi, India.

... indem Sie den siebzehnten Karmapa unterstützen:
International Karmapa Headquarters
Main Office Rumtek, Branch Gyuto Ramoche Temple
P. O. Sidhbari 176057, Dharamsala
Distr. Kangra
H. P., India
Bitte erwähnen Sie: Beihilfe für Seine Heiligkeit,
den siebzehnten Karmapa.

... indem Sie die politischen Gefangenen unterstützen:
Democracy and Human Rights Centre
Tibetan Central Administration
Dharamsala Cantt – 176216
Distt. Kangra, H. P. (India)

Zentren des Karma Kagyü Vereins und assoziierte Vereine

Karma Kagyü Verein e.V.
Eifelkloster Langenfeld
D-56729 Langenfeld
Tel. 02655/93 90 30, Fax: -31
Karma.kagyu.verein@t-online.de
1. Vorsitzender: H. G. Rauprich
Kentstr. 4
D-53902 Bad Münstereifel
Tel. 02253/96 00 87, Fax: 96 00 88
horst.rauprich@t-online.de
2. Vorsitzender: Rüdiger Findeisen
Sillemstr. 76a
D-20257 Hamburg
Tel. 040/49 08 825, Fax: 49 08 865
findeisenr@aol.com

Theksum Tashi Chöling Berlin
Körtestr. 4
D-10769 Berlin
Tel./Fax 030/69 59 82 65
ttcberlin@ttcberlin.de
www.ttcberlin.de

Karma Tengyal Ling
– Buddhistisches Institut –
Neuruppinerstr. 6
D-16775 Stechlin-Menz
Tel. 033082/50289, Fax: 51437

Theksum Tashi Chöling Hamburg
Harkortstiege 4
D-22765 Hamburg
Tel. 040/38 32 38, Fax 38 61 24 35
ttc.hamburg@t-online.de
www.ttc-hamburg.de

Karma Chöling Bookholzberg e.V.
Stedinger Str. 39
D-27777 Ganderkesee
Tel. 04223/93 24 89, Fax: 93 24 90
sandacker@karmachoeling.de

Karma Thekchen Chöling
Neustadtwall 15
D-28199 Bremen
Tel./Fax 0421/8 72 99 70
ktc-bremen@bigfoot.com

Karma Sherab Ling Münster
c/o Josef Kerklau
Verth 14a
D-48291 Telgte
Tel./Fax 02504/6506
Jkerklau@aol.com

Karma Thekchen Yi Ong Ling
Auf dem Kuppen 7
D-51570 Windeck-Halscheid
Tel. 02292/7438, Fax -6327
Halscheid-retreat@web.de

Eifelkloster Langenfeld
D-56729 Langenfeld
Tel. 02655/93 90 40, Fax: 93 90 41
Kamalashila@t-online.de
www.kamalashila.de

Kagyü Samten Chöling Frankfurt/Main
c/o Dr. Annemarie Dross-Mashayekhi
Am Hofgarten 22
D-56729 Langenfeld
Tel./Fax 02655/941 469
aedross@aol.com

Verein für buddhistische Forschung und tibetische Kultur e.V.
Frankfurt/Main
c/o Dr. Annemarie Dross-Mashayekhi,
s. oben

Karma Changchub Chöphel Ling
Friedensstr. 20
D-69121 Heidelberg
Tel. 06221/41 04 95, Fax: 47 32 85
BudZentrumHD@aol.com

Karma Dhagpo Gyurme Ling
c/o Jobst Koss
Fliederweg 15
D-82319 Starnberg
Tel./Fax 08151-8383
KOSSJW@t-online.de

Österreich

Karmapa Gesellschaft Österreich
Herklotzgasse 20
A-1150 Wien
Tel. 01/892 89 89
office@.karmapa.cc
Ansprechpartmerin: Heidi Caltik

Rime Dharma Dzong „Tierra"
Zentrum für buddhistische Studien & Praxis
Blattertal 9
A-2770 Gutenstein
Tel. 02634/7417, Fax: 74174
sequoyah@magnet.at

Der Film „Living Buddha" von Clemens Kuby ist erhältlich über
Mind Films GmbH
Kreuzeckweg 16
D-85748 Garching/München
Tel. 089/326 798-12, Fax: -11
mind_films@papyrus.de